WAR AND IDENTITY

METHUEN'S TWENTIETH CENTURY
FRENCH TEXTS

Founder Editor: W.J. STRACHAN, M.A. (1959–78)
General Editor: J.E. FLOWER

ANOUILH: *L'Alouette* ed. Merlin Thomas and Simon Lee
ANOUILH: *Le Voyageur sans bagage* ed. Leighton Hodge
BAZIN: *Vipère au poing* ed. W.J. Strachan
BERNANOS: *Nouvelle Histoire de Mouchette* ed. Blandine Stefanson
CAMUS: *Caligula* ed. P.M.W. Thody
CAMUS: *La Chute* ed. B.G. Garnham
CAMUS: *L'Étranger* ed. Germaine Brée and Carlos Lynes
CAMUS: *La Peste* ed. W.J. Strachan
DE BEAUVOIR: *Une Mort très douce* ed. Ray Davison
DUHAMEL: *Souvenirs de la Grande Guerre* ed. A.C.V. Evans
DURAS: *Moderato cantabile* ed. W.J. Strachan
DURAS: *Le Square* ed. W.J. Strachan
ERNAUX: *La Place* ed. P.M. Wetherill
ETCHERELLI: *Élise ou la vraie vie* ed. John Roach
GENET: *Le Balcon* ed. David Walker
GIDE: *Les Faux-Monnayeurs* ed. John Davies
GIRAUDOUX: *Electre* ed. Merlin Thomas and Simon Lee
GISCARD D'ESTAING: *Démocratie française* ed. Alan Clark
LAINÉ: *La Dentellière* ed. M.J. Tilby
MAURIAC: *Destins* ed. Colin Thornton-Smith
OUSMANE: *Ô Pays, mon beau peuple!* ed. P. Corcoran
ROBBE-GRILLET: *La Jalousie* ed. B.G. Garnham
ROBBE-GRILLET: *Le Rendez-vous* ed. David Walker
SARTRE: *Huis clos* ed. Keith Gore
SARTRE: *Les Jeux sont faits* ed. M.R. Storer
SARTRE: *Les Mains Sales* ed. W.D. Redfern
SARTRE: *Les Mots* ed. David Nott
TROYAT: *Grandeur nature* ed. Nicholas Hewitt
VAILLAND: *Un Jeune Homme seul* ed. J.E. Flower and C.H.R. Niven
CLARK (ed.): *Anthologie Mitterrand*
CONLON (ed.): *Anthologie de Contes et Nouvelles modernes*
HARGREAVES (ed.): *Immigration in Post-War France: A documentary anthology*
HIGGINS (ed.): *An Anthology of Second World War French Poetry*
KING (ed.): *Albert Camus: Selected Political Writings*
MORTELIER (ed.): *Anthologie Prévert*
SCOTT (ed.): *Anthologie Éluard*

METHUEN'S TWENTIETH CENTURY TEXTS

WAR AND IDENTITY:

THE FRENCH AND THE SECOND WORLD WAR

AN ANTHOLOGY OF TEXTS

Selected and edited by
Colin W. Nettelbeck
Associate Professor of French
Monash University, Australia

METHUEN EDUCATIONAL LTD

First published in 1987 by
Methuen & Co. Ltd
11 New Fetter Lane, London EC4P 4EE

This anthology © 1987 Colin Nettelbeck

Filmset by Mayhew Typesetting, Bristol
Printed in Great Britain
by Richard Clay Ltd,
Bungay, Suffolk

British Library Cataloguing in Publication Data
War and identity : the French and Second World
War : an anthology of texts.
    1. World War, 1939–1945 — France
    2. World War, 1939–1945 — Influence
    3. France — History — 1945–
I. Nettelbeck, Colin W.
940.53′44   DC401
ISBN 0-423-51700-7

Contents

Acknowledgements   vii

Introduction: a story of trauma and recovery   1

1 On the eve of war: a nation divided   3
    Léon Blum and the 'Front Populaire'   3
    Civil War in Spain   5
    'Mieux Hitler que Blum'   7
    Munich   8
    The 'Drôle de guerre'   10

2 The débâcle (10 May–20 June 1940)   14
    Military defeat   14
    Dunkirk   17
    Exodus   20
    Armistice   22
    De Gaulle's rebellion   24
    The defeat   26

3 Occupation I: disillusionment and illusions   29
    Prisoners   29
    A humiliated people   31
    Vichy and Paris   33
    Glitter and black market   34
    Germany: the Promised Land   37
    De Gaulle seen from Vichy   38

4 Occupation II: abjection and hope   41
    The Jewish question   41
    Nazi France   50
    Resistance   53
    Timid beginnings   55
    'Le Parti des fusillés'   57
    Towards liberation   60

5 Liberation, purge, and the quest for a new France   64
   Getting rid of the Germans   66
   'L'Épuration'   74
   The search for unity   78

6 Looking back   82
   Colonial disaster   83
   The return of de Gaulle   86
   The war revisited   89

Conclusions   91

Chronology   93

Notes   97

Further reading   108

Index   109

Acknowledgements

Special thanks to Pascal Ory for invaluable advice and to Carol Nettelbeck for enthusiastic support.

The editor and publishers would like to thank the following for their kind permission to reproduce copyright material:

PLATES

page
18 Extract from *Le Figaro* – *Le Figaro*
46 The Camp at Drancy – Centre de Documentation juive contemporaine
49 Secret German telegram – Centre de Documentation juive contemporaine

TEXTS

page
6   'L'Espoir' – Editions Gallimard
17 'Des combats ont lieu sur la basse Somme' – *Le Figaro*
19 'M. Churchill fait aux Communes le récit épique de la campagne des Flandres' – *Le Figaro*
21 'L'exode' – Editions Gallimard

26 'La défaite' – Editions Denoël
30 'Un lambeau de pain' – La Diffusion
32 '1940' – Editions Gallimard
33 'Armistice et collaboration' – Editions Bernard Grasset
35 'Le Marché noir' – Editions Gallimard
39 'A l'écoute. Juillet 1942' – Librairie Ernest Flammarion
46 'Drancy la Juive' – Centre de Documentation juive contemporaine
48 'Convoy organization' – Centre de Documentation juive contemporaine
55 'Conseils à l'occupé' – Editions Albin Michel
58 'Last words' – Messidor
59 Letter from Michel Manouchian – Messidor
61 'Le premier accroc' – Editions Denoel
68 Groult sisters extracts – Editions Denoel
71 '29 août 1944' – Librairie Plon
72 '31 décembre 1944' – Librairie Plon
79 'Pour l'union – pour une democratie réelle' – Messidor
83 'Agonie de l'Indochine' – Librairie Plon
85 'Contre la torture' – Editions du Seuil
87 'Discours prononcé par le Général de Gaulle, 4 septembre 1958' – Librairie Plon
89 'Quai Conti' – Editions Gallimard

Introduction: a story of trauma and recovery

There must be few periods in the history of any modern nation that have generated as much passion as the Second World War has done for the French. At the time, it was experienced as a massive trauma in all its phases. The military collapse of 1940, which nobody expected of an army that was still widely believed to be the greatest in the world, left the nation stunned and humiliated. The collapse of the democratic institutions of the Third Republic, and the establishment of a virtual dictatorship in Vichy under the aged and authoritarian Philippe Pétain, led to the deepening of already-existing social rifts. Further tensions were caused by the very harsh terms of occupation imposed by the victors, which would keep the Germany military and police forces in luxury, while reducing French citizens to cruel shortages of food, clothing and fuel, and stimulating the spread of corruption and black marketeering. Throughout the war, too, almost two million French prisoners-of-war would held in forced labour in Germany, to whose numbers would be added tens of thousands of deportees.

Communication between different parts of the country was made difficult, and often quite impossible, by other aspects of the armistice, which annexed Alsace-Lorraine to the Reich and divided the rest of France into three different zones (see map 2, p. 30). This fragmentation within France made links with the great overseas empire difficult. Even more seriously, from the beginning, French were pitted against French. Charles de Gaulle's Free French would fight against forces loyal to Vichy in North Africa and the Middle East, and in France itself, while racist laws led to the persecution of Jewish citizens, a permanent state of confrontation existed between those who resisted the occupation and armistice and those who accepted collaboration with the Germans as inevitable, or even desirable. As the occupation dragged on, this conflict increased in intensity and dimension; it provoked denunciations, executions, reprisals; it hardened into institutionalized combat, a state of civil war, generally low-grade, but chronic.

This meant that, even after the liberation in the summer of 1944, there was an unavoidable residue of hatred and distrust, of shame and confusion, which, far from being dispersed by the purges – both official and unofficial – which swept the country during the following months and years, would be perpetuated for generations, often right down to the present day. People who were tortured or deported, or who had friends or relatives executed, did not readily forget, or forgive those who had committed the wrongs; but those who were punished for collaboration – by prison, or fines, or national degradation, or, like the women accused of having slept with German soldiers, by having their heads shaved and being paraded naked through the streets – often continued to harbour grudges as well.

In many ways, French history of the last forty years has been deeply influenced, if not dominated by a preoccupation with the war period. Whether one looks at economic or cultural life, the development of internal or foreign politics, or the evolution of the major philosophical, artistic, or intellectual systems, the Second World War remains a constant point of reference, a landmark to which the collective consciousness returns again and again, as if no understanding of the present or the future could be possible without it. The French, perhaps more than most, have always tended to ritualize their history, and this is nowhere more evident than in respect of the Occupation period, which has been perceived, not as any mere set of events – however traumatic – but as a reality of mythical proportions, where there can be no ordinary people or happenings, but where everything and everyone becomes a symbol of something grander.

Of what? Of the elements that constitute the French identity. Of course, a notion as vast as national identity is bound to remain cloudy, and subject to interpretation on the individual, social, political and ideological levels: it would be difficult indeed to get precise agreement from the French – or from any other people, for that matter – on just what it means to *be* French. However, the *question* of identity, acutely and painfully raised by the experience of the Second World War, has remained central to French life, and to the outside observer, the dynamics of that debate afford not only a fascinating subject of analysis, but many very valuable insights into the France of today.

1

On the eve of war: a nation divided

In France, national pride has often flourished alongside internal turmoil. One has only to think of the savage religious wars of the sixteenth and seventeenth centuries, or of the bloody campaign of terror during the Revolution, or of the ruthless repression of the Paris Commune rebellion in 1871, to be reminded that deep, and often violent, discord is a historical constant. It is thus not especially surprising to find that the France of the 1930s was racked with dissensions, but it is useful to examine the particular forms that these took, as they were to have considerable bearing on subsequent events and reactions.

Hitler's rise to power in Germany had a destabilizing effect on Europe generally and from 1933 onwards this context of instability exacerbated France's domestic conflicts. Social, economic, political, and religious problems were all inextricably linked to the possibility of confrontation with a traditional enemy whose aggressive stance could not but be threatening. Studies of France's foreign policies at this time reveal confusion and contradiction, and if there was any general trend, it was that of a nation willing to try anything, and with some desperation, to avoid a war that at the same time it believed inevitable.

France's inner turmoil surfaced with bitter passion at the time of the Stavisky Affair in early 1934. Serge Alexandre Stavisky was an urbane and clever swindler who had built up a vast financial empire, implicating police and politicians in a series of progressively more elaborate confidence tricks. When the scandal broke, the government handled it so badly that not only was the administration of the day toppled, but the very bases of the parliamentary institutions of the Republic were called into question. For the nationalists of the political Right, Stavisky, a Russian Jew, became the focus of antisemitic and antibolshevist sentiment. Stirred by the extremists of the *Action Française*,[1] conservative groups actually laid siege to the *Assemblée Nationale*, sparking the 6th of February riots in the Place de la Concorde, where many were killed. Two days later, a counter-rally by the Left – the Radical, Socialist and Communist Parties – resulted in more deaths. More than symbolically, the riots of February 1934 mark the emergence of a public conflict of ideologies, none the less acute for being as yet ill-defined in the minds of ordinary people. For the British journalist Alexander Werth,[2] France was in a state of latent civil war. Certainly the level of conflict in political and intellectual circles was high, and would remain so for the rest of the pre-war period, sustained by a vitriolic press that was largely unconstrained by laws of libel or defamation.

LEON BLUM AND THE 'FRONT POPULAIRE'

From the early 1930s, many antifascist groups had sprung up in France, and after the February 1934 riots they were an important stimulus to the creation, in July 1935, of the *Rassemblement populaire*. This *Front populaire*, as it soon came to be called, enjoyed the enthusiastic participation of the major political parties of the Left and Centre-left

(Communists, Socialists, and Radicals), of the major union organizations, as well as of numerous intellectual, cultural and professional associations. By the time of the 1936 national elections, the movement had been forged into a political machine, with a programme which, despite the hysterical ravings of the Right, won the favour of the electorate. In May 1936, the *Front populaire* became a government.

Its leader was Léon Blum (1872–1950), the head of the Socialist Party. He was a distinguished and cultivated writer and member of parliament, a committed idealist and pacifist, and a member of the powerful *Conseil d'Etat*.[3] An object of admiration for his followers, Blum, with his internationalist philosophy and Jewish origins, was the very incarnation of everything that the Right feared and hated. Before the elections, and for the whole of the single year that his government lasted, he was subjected to an unremitting campaign of villification. Maurras said of him: 'ce juif allemand naturalisé [...] est un homme à fusiller, mais dans le dos.'[4]

The lasting achievements of the *Front populaire* were in the field of social justice for workers: the introduction of the forty-hour week and of paid holidays. Legislation emphasizing cultural development and the needs of the young also had long-term significance. Generally, however, the election was divisive, rather than unifying, of the national spirit. In a Europe where the expression of a strong French position was becoming more and more imperative, Blum's government, while buoyed up by the enthusiasm for many for its social reforms, was lacking clear direction or commitment in its foreign policy.

The two following texts are from newspaper reports of the traditional May gathering at the *Mur des Fédérés* at the Père-Lachaise cemetery in Paris, just after the elections that brought the *Front populaire* to power. The occasion was the commemoration of the Commune of 1871, a revolutionary government set up in Paris in the wake of Napoleon III's defeat by the Prussians. Although it was also recognized by a number of major provincial centres, and was thus an embryonic federation, it was brutally crushed by the army loyal to the national government led by Thiers. The last week of May – known as 'la semaine sanglante' – was especially bad, and included firing-squad executions along the wall of the Père-Lachaise cemetery. (Hence 'le mur des fédérés'.)

The first text is by Blum himself, and is taken from the socialist newspaper he directed, *Le Populaire*. He expresses his belief that the spirit of the Republic in France is inseparable from the revolutionary passion of the people. The repression of 1871 is recalled in some detail, and the electoral victory of the *Front populaire* is linked to the tradition of struggle for truth, freedom, and justice, that allowed the Commune's defeat to be turned into moral victory. It is with considerable subtlety that Blum also implies a link between the earlier royalist and religious reactionaries and the fascists of 1936: 'la menace fasciste' is thus associated with precise images of execution, prison, and exile, as well as with the more general threat to democracy and the Republic.

The second text is from the right-wing weekly *Gringoire*, and is more pointed in tone and content. Anonymously written, it uses the techniques of making Blum appear guilty by his association with communists and a gangster. Then, by extension, the entire crowd, described as a mass, not as people, is drawn into the same comparison. The cemetery, personified, becomes the victim of an odious and vandalous invasion. The symbolism here would have been obvious for *Gringoire*'s readers: the Père-Lachaise, burial site of many of France's most illustrious figures, is more than a national monument, it is a microcosm of the nation. The mobs of hooligans who defile the cemetery symbolize the defiling of France itself by the *Front populaire*. If the opening of the text is typical of the way in which the Right obsessively singled Blum out for personal attack, the three-part conclusion is a heavy rhetorical sneer of disgust: after the screaming of revolutionary songs from the graveyard crosses, and the picnics on the tomb-slabs, there was 'worse still': the reader's imagination is incited to dwell on whatever additional horrors it

4

might invent.

Each of the passages shows clearly its ideological bias. Together, they reveal the extent of ideological conflict.

«Ils sont morts pour la Republique»: Léon Blum

Vive la Commune! Vive le Gouvernement de Front populaire!

Ces deux cris ne sont pas rapprochés arbitrairement l'un de l'autre pour les besoins de l'actualité. Ils traduisent la même vérité. Ils expriment le même espoir. Pour reprendre la formule inscrite hier dans la manchette du *Populaire*, la commémoration des morts de la Commune dira l'espoir vivant des hommes d'aujourd'hui. Ils sont morts pour la Liberté. Ils sont morts pour la Justice sociale. Ils sont morts pour la République. Ils sont morts pour tout ce que le Front populaire incarne. Les combattants héroïques des barricades – à Paris et dans les villes de provinces, levées à l'appel de Paris – ont payé de leur sang le salut de la démocratie.

Une répression féroce les a décimés. Ceux qui avaient échappé aux exécutions sur place ou aux fusillades méthodiques de Satory[5] sont partis pour le bagne[6] ou pour l'exil.

On les croyait vaincus, extirpés à jamais. Mais ces vaincus étaient cependant des vainqueurs. Sans la Commune révolutionnaire la réaction monarchique et cléricale se fût installée souverainement en France. Thiers avait écrasé la commune, et c'est la Commune qui imposa la République à Thiers. C'est le souvenir légendaire de la Commune, c'est la leçon des ses forçats et de ses proscrits qui préserva et qui prolongea la grande tradition de la démocratie sociale.

Jamais, en France, on n'a pu séparer impunément ces deux forces vivantes: l'idée républicaine, la passion révolutionnaire du peuple.

Le Rassemblement populaire contre la menace fasciste, la victoire électorale du 26 avril et du 3 mai sont dus à la combinaison de ces deux forces. Nous avons donc le droit d'invoquer aujourd'hui les morts glorieux en leur disant:

«Notre victoire est la vôtre . . . Vive la Commune! Vive le Front populaire!»

Source: *Le Populaire*, 24 mai 1936 (droits réservés)

Au Père-Lachaise

M. Léon Blum en personne avait sonné, le matin même, le rassemblement. Et c'est le poing tendu[7] et grimaçant un rictus de haine qu'il a tenu à se faire photographier au pied du fameux Mur, entre les camarades Marcel Cachin[8] et Maurice Thorez,[9] et dans le voisinage du policier-gangster Bonny.[10]

Combien étaient-ils? Deux cent mille, trois cent mille peut-être? Il est difficile de chiffrer cette foule répandue sur les rues, les boulevards et à travers le Père-Lachaise.

Le grand cimetière fut livré pendant toute l'après-midi à des bandes d'énergumènes déchaînés et sans respect pour le mort. Combien de chapelles furent odieusement souillées? Combien de fleurs arrachées? Combien de pauvres morts troublés dans leur sommeil par les vociférations, des ricanements, les plaisanteries de mauvais lieu et les insultes grossières inspirées soit par un nom gravé sur une dalle, soit par un monument pieusement élevé par une famille en deuil?

On vit, à cheval sur des croix, des voyous hurler *La Carmagnole* et *L'Internationale*.[11]

On vit des faucons rouges casser démocratiquement la croûte[12] sur des dalles funéraires.

On vit pis encore.

Source: *Gringoire*, 29 mai 1936 (droits réservés)

CIVIL WAR IN SPAIN

The outbreak of civil war in Spain in July 1936 gave Europe a foretaste of what was to come a few years later. France and Britain, afraid that any effort on behalf of the legitimate Spanish Republican government might lead to a widening of the conflict, decided on a policy of non-intervention. The fascist governments of Italy and Germany provided considerable aid, in men and materials, to the Falangists, led by General Franco. Only the USSR sent official aid to the Republicans, but volunteers from all over the world flooded into Spain to join the 'International Brigades' in the fight to save democracy.

Acts of savagery and brutality were numerous on both sides. Republicans massacred priests and nuns and burned down churches. Falangists indiscriminately executed workers and peasants, and bombed civilian populations. For the French, what was happening south of the Pyrenees had obvious relevance to their own situation. The Right used the chaos and the atrocities committed by the Spanish Republicans to issue warnings of what would result from the government of the French *Front populaire*. The parties of the Left saw in the Spanish struggle an image of their own fight for liberty and justice and against fascism.

André Malraux (1901–1976) was one of France's most brilliant and adventurous intellectuals and novelists. For him, the Spanish situation was both a personal challenge and a moral imperative. With extraordinary energy and initiative, he managed to gather enough men and materials for the creation of a small airforce squadron, which he directed, and which played a useful role for the Republicans in the early stages of the war. Although he remained only a short time in Spain, he produced from the experience an important novel, *L'Espoir* (1937), made a film of the same name, and travelled widely in Europe and to the USA to lecture on the dangers of the rising fascist tide.

Malraux's actions and attitudes prefigure the spirit that during the Second World War would motivate the resistance (in which Malraux was moreover to play a significant part). His personal boldness and courage, and above all his willingness to take risks to defend the causes in which he believed, were signs of a vital responsiveness and responsibility sadly lacking in the weak and worried inactivity of successive French governments. Malraux in Spain is a prototype of the de Gaulle who in 1940 would refuse to accept defeat. Inspired by a similarly grand vision of History, the two men would, after the Second World War, ultimately become colleagues in the government of the new France.

The following extract from *L'Espoir* recounts an episode in which Malraux had no direct involvement: a major engagement of the International Brigades, in the siege of Madrid. There is realistic detail, however, in the portrayal of the battle scene at the University City, as three soldiers try to retrieve a wounded comrade in the wet fog of a night illuminated by reflections of the burning city. The text also translates some of the civil war's more painful paradoxes: such as the adversaries being the Moors of Franco's Foreign Legion and the Germans of the International Brigades. (The latter were also involved in a 'civil war', in that they were being bombed by Hitler's Condor Legion.) Through these symbols, Malraux succeeds in suggesting the wider implications of the war for Europe and the world. At this level, the stalemate described at the end of the text evokes the gloom and high tension so widely spread in the Europe of 1937. The use of the present tense creates immediacy and urgency, and renders the author's perception of the democracies' nervous pessimism, as the Spanish civil war begins to appear as what it in fact was: a curtain-raiser for the Second World War.

Although in 1937 Malraux could not yet know that the Republicans would finally succumb to the Falangist forces in 1939, the 'Hope' of the title is perhaps not so much that of a Republican victory as of a spirit of solidarity and persistent resistance to the evils of fascism.

L'Espoir

Derrière les tranchées allemandes de la brigade internationale, monte la lueur des premiers grands incendies de Madrid.[13] Les volontaires ne voient pas les avions; mais le silence nocturne, qui n'est pas celui de la campagne, l'étrange silence de la guerre, tremble comme un train qui change de rails. Les Allemands sont tous ensemble, ceux qu'on a exilés parce qu'ils étaient marxistes, ceux qu'on a exilés parce qu'ils étaient romanesques et se croyaient révolutionnaires, ceux qu'on a exilés parce qu'ils étaient Juifs;[14] et ceux qui n'étaient pas révolutionnaires, qui le sont devenus, et sont là. Depuis la charge du Parc de l'Ouest,[15] ils repoussent deux attaques par jour: les fascistes essaient en vain d'enfoncer la ligne de la Cité Universitaire. Les volontaires regardent la grande lueur rouge qui monte dans les nuages pluvieux: les fulgurations d'incendie, comme celles des enseignes électriques, sont immenses dans les nuits de brouillard, et il semble que la ville entière brûle. Aucun des volontaires n'a encore vu Madrid.[16]

Il y a plus d'une heure qu'un camarade blessé appelle.

Les Maures[17] sont à un kilomètre. Il n'est pas possible qu'ils ne sachent pas où se trouve le blessé: sans doute attendent-ils que les siens viennent le chercher; déjà un volontaire sorti de la tranchée a été tué. Les volontaires sont prêts à accepter cette chasse à l'appel;[18] ce qu'ils craignent, dans cette nuit profonde dont l'incendie n'éclaire que le ciel, c'est de ne pas retrouver leur tranchée.

Enfin trois Allemands viennent d'obtenir l'autorisation d'aller chercher celui qui crie à travers la brume noire. L'un après l'autre ils passent le parapet, s'engouffrent dans le brouillard: le silence de la tranchée est sensible malgré les explosions.

Le blessé crie à quatre cents mètres au moins. Ce sera long: tous savent maintenant qu'un homme ne rampe pas vite. Et il faudra le rapporter. Pourvu qu'ils ne se lèvent pas. Pourvu que l'aube ne vienne pas trop tôt.

Le silence et la bataille; les républicains essaient de se rejoindre derrière les lignes fascistes; les Maures essaient d'enfoncer la Cité Universitaire. Quelque part dans la nuit tirent les mitrailleuses ennemies de l'hôpital-clinique. Madrid brûle. Les trois Allemands rampent.

Le blessé appelle toutes les deux ou trois minutes. S'il y a une fusée, les volontaires ne reviendront pas. Sans doute sont-ils à cinquante mètres de la tranchée maintenant; les autres sentent l'odeur fade de la boue, presque la même que celle des tranchées, comme s'ils étaient avec eux. Que le blessé est long à appeler de nouveau! Pourvu qu'ils ne se trompent pas de direction, qu'ils aillent, au moins, directement vers lui . . .

Les trois, à plat ventre, attendent, attendent l'appel dans la brume traversée de fulgurations. La voix s'est tue. Le blessé n'appellera plus.

Ils sont soulevés sur un coude, hagards. Madrid brûle toujours, la tranchée des Allemands tient toujours, et, dans le sombre tam-tam du canon, les Maures tentent toujours d'enfoncer la Cité Universitaire dans le brouillard de la nuit.

Source: André Malraux, *L'Espoir*, Paris, 1937, pp. 307–8, © Editions Gaillmard

'MIEUX HITLER QUE BLUM'

Since Madame de Stael's *De l'Allemagne* (1810) at least, France's bellicose relationship with Germany has always been tempered with a current of admiration for German art and culture. After the horrors of the First World War, there were many in France who believed that greater cultural understanding between the two nations was desirable and necessary. Writers as distinguished as Jean Giraudoux[19] and Jules Romains[20] were committed to these ideals, persuaded that they would serve the cause of just and lasting peace.

Exploiting this sentiment, and with much less noble aims, the representatives of Hitler's propaganda machine found an eager market in the world of French writers and journalists. One in particular, Otto Abetz (b. 1903), was especially successful, and his 'Comité France-Allemagne' became a significant ideological springboard for future French collaborationists,[21] who were buttered up with free luxury trips to Germany, including to the Berlin Olympic Games in 1936.

Even without propaganda, of course, France had plenty of admirers of Hitler. For many, the organization and discipline exemplified by the Third Reich was an object of envy, compared to what they saw as the chaotic conditions of the France of the *Front populaire*. By some, the social disorder was perceived as the result of deep national decadence, and they shared belief in the Nazi doctrine that the root cause of all this was the Jews. With the catalyst provided by the intense personal hatred aroused by the unfortunate Léon Blum, an explosive mixture of antidemocratic and antisemitic feeling was generated.

This was expressed with cynical vigour in Louis-Ferdinand Célinc's *Bagatelles pour un massacre* (Paris, 1937). Céline (born Destouches, 1894–1961) had made his name as a novelist with two extraordinarily powerful works, *Voyage au bout de la nuit* (1932) and *Mort à crédit* (1936), earning himself the reputation both of iconoclast and of innovative visionary. His verbal inventiveness, and his extensive use of the vocabulary and structures of popular speech, give his writing a unique vitality. In *Bagatelles*, he attacked the Jews, and Blum, with furious anger:

Deux millions de boches[22] campés sur nos territoires pourront jamais être pires, plus ravageurs, plus infamants que tous ces Juifs dont nous crevons.[23]

Portant les choses à tout extrême, pas l'habitude de biaiser,[24] je le dis tout franc, comme je le pense, je préférerais douze Hitler plutôt qu'un Blum omnipotent. Hitler encore je pourrais le comprendre, tandis que Blum c'est inutile, ça sera toujours le pire ennemi, la haine à mort, absolue.

Wilfully confusing Jews with black Africans, and brandishing the racial superiority of whites, he developed a biologically-based argument:

Les boches au moins, c'est des blancs... Finir pour finir, je préfère...
– Alors tu veux tuer tous les Juifs?
– Je trouve qu'ils n'hésitent pas beaucoup quand il s'agit de leurs ambitions, de leurs purulents intérêts... (10 millions rien qu'en Russie)... S'il faut des veaux dans l'Aventure, qu'on saigne les Juifs![25] c'est mon avis!

Céline would later disclaim responsibility for this apparent invitation to genocide, which takes on horrific proportions in view of what happened over the next few years. His position nonetheless seems clear:

Je voudrais qu'il soit proclamé, pour que le peuple sans vertèbres, dit français,[26] retrouve un peu son amour-propre, absolument conclu, certain, trompeté universellement, qu'un seul ongle de pied pourri, de n'importe quel vinasseux[27] ahuri truand d'Aryen, vautré dans son dégueulage,[28] vaut encore cent mille fois plus, et cent mille fois davantage et de n'importe quelle façon, à n'importe quel moment, que cent-vingt mille Einsteins, debout, tout dérétinisants[29] d'effarane gloire rayonnante... J'espère que l'on m'a bien compris?...

Despite his ideological stance, and despite the fact that during the occupation he would remain one of the most vocal supporters of collaborationism, Céline was able, after the war,[30] because of his undeniable literary genius, to regain his former place of esteem. There is little worthy of such esteem in *Bagatelles*, except perhaps the exceptional imaginative energy of the writing itself.

MUNICH

Hitler's obsessive and energetic pursuit of his vision of a new Europe under German domination left the western democracies in disarray. After the collapse of the *Front populaire* government in mid-1937, the French political world became a tangle of contradictions, with no sense of national purpose in evidence in any aspect of public life. The only common ground between the Right and the Left was a desire to avoid war at any cost – and even there the motivations were opposed: in contrast to the Left's idealistic pacifism, the Right considered that a strong Germany was the best protection against Russian bolshevism, whose evils had already been so clearly illustrated by the *Front populaire*.

Another factor – and perhaps in part another aspect of the same conflict – was the stalemate in military thinking. The dreadful losses of the First World War had prompted the development of a strategy based on defence, rather than on attack, and the result was a concentration of ideas and resources in the building of fortifications like the Maginot line – an impenetrable barrier of concrete bristling with defensive weaponry, that stretched

400 miles across France's eastern border. Although armoured vehicles and tanks and aircraft had been designed and constructed in considerable numbers, the dominance of the defence mentality meant that plans for their use, in the event of conflict, were limited mainly to their role in a counter-attack, after the enemy had been stopped by the defence lines. The weakness of this strategic thinking would become all too clear, all too quickly, in May 1940.

In the meantime, Hitler's occupation of Austria (the 'Anschluss') in March 1938 passed with little reaction from the Allies, and it was only later that year, with the Führer's demand for the annexation to the Reich of Sudetenland – the largely German-speaking area of Czechoslovakia – that it became obvious that a choice between confrontation and backing down could no longer be avoided. France, in particular, was cornered, because it had a formal treaty with Czechoslovakia. But, unsupported by Britain, where Neville Chamberlain (1869–1940) held sway with his policy of appeasement, the French were incapable of any response stronger than a partial mobilization. And in the end, the French Prime Minister, Edouard Daladier (1884–1970), accompanied his British colleague to Munich, where at the end of September, in exchange for Hitler's tranquilly given promise that he would make no further territorial demands, they signed Sudetenland over to him.

War was thus, apparently, averted, and the news was greeted as ecstatically in Paris as in London. The following text was written with lucid sadness by Léon Blum in the days preceding the Munich agreements. It shows that the more thoughtful among the French were not unaware that by failing to honour its treaty, France was sacrificing its self-respect and credibility.

Hitler would occupy Prague in March 1939.

«Entre un lâche soulagement et la honte»

Je résume la situation en quelques phrases sèches, mais dont chacune pourra être développée et justifiée.

M. Neville Chamberlain, parti pour négocier un arrangement «honorable et équitable», est revenu de Berchtesgaden[31] porteur d'un ultimatum du Führer-chancelier.

Le gouvernement britannique a cédé devant cet ultimatum.

Le gouvernement français, si l'on s'en rapporte à son communiqué officiel, a donné son acquiescement pur et simple. Si l'on se fie à certaines rumeurs, il a fait réserve mentale de son assentiment définitif jusqu'à ce que la réponse de Prague fût connue.[32]

Le gouvernement français s'est donc jugé hors d'état d'obtenir un changement de la position anglaise. Cette impuissance est le résultat des divisions intérieures et des pressions qui se traduisent sourdement depuis plusieurs semaines, qui depuis huit jours sont patentes à Berlin comme à Londres et qu'au surplus leurs auteurs ont pris à tâche de rendre publiques.

Il n'est pas exclu que le fléchissement du cabinet britannique soit imputable dans une certaine mesure à cet état du cabinet français et d'une fraction des milieux politiques français.

Le gouvernement de Prague, saisi au début de l'après-midi, après les séances des Conseils des ministres anglais et français, a délibéré à son tour. M. Neville Chamberlain était allé à Berchtesgaden; personne n'a invité M. Benès ou M. Hodza[33] à venir à Londres. On leur a notifié, débattu en dehors d'eux, arrêté sans eux, un plan qui mutile le territoire de l'Etat tchécoslovaque, ampute sa souveraineté et qui par voie de conséquence rompt et désavoue ses alliances.

Je ne connais pas, à l'heure où j'écris, la réponse de la Tchécoslovaquie. Mais, quelle qu'elle soit, la partie d'Hitler est gagnée contre l'Angleterre et la France. Son plan est devenu le leur. C'est elles qui l'ont présenté à la Tchécoslovaquie. Rien ne manque à son succès, puisqu'il serait même parvenu à leur faire accepter le rejet de l'URSS en dehors du système des puissances qui garantiraient le territoire tchécoslovaque mutilé, et sans doute aussi la rupture du Pacte tchéco-soviétique.[34]

Quoi qu'il advienne, les conséquences iront loin, en Europe et en France. La guerre est probablement écartée. Mais dans ces conditions telles que moi, qui n'ai cessé de lutter pour la paix, qui depuis bien des années lui avais fait d'avance le sacrifice de ma vie, je n'en puis éprouver de joie et que je me sens partagé entre un lâche soulagement et la honte.

Source: Léon Blum *Le Populaire*, le 20 septembre 1938 (droits réservés)

THE 'DRÔLE DE GUERRE'

In retrospect, what is surprising is not that Hitler failed to keep the promises made at Munich, but that the Allied statesmen should have been gullible enough to believe that he would. On 1 September 1939, the German army invaded Poland, and Britain and France finally declared war. Their actual activity was, however, largely limited to arming the French front, and there began a period known as 'la Drôle de guerre' ('the phoney war'), during which, apart from a few skirmishes, the Allies waited and watched, and continued diplomatic manoeuvres in the hope that the war would go away. Even thorough defensive measures were hampered by Belgium's ostrich-like insistence on maintaining its neutrality. The Germans, after a *Blitzkrieg* ('lightning war') win over the valiant Poles, and protected in the east by their mutual non-aggression pact with Stalin, used the time to improve their military position, and to deploy their formidable propaganda efforts against the Allied soldiers and civilians.

The prolonged inactivity could not but be demoralizing. Even Jean-Paul Sartre (1905–1980), that most sanguine of philosophers and novelists, betrays boredom and depression in the notebooks he kept during this time.[35] Perhaps he was not unduly disturbed, directly, by the German propaganda he describes, but there can be little doubt that some of his less well-educated comrades would have been vulnerable to the appeal to anti-British sentiment in this little macabre text. It was printed on a rust-coloured leaf-shaped leaflet, and dropped from a German plane near the Alsace front where Sartre was posted.

AUTOMNE

Les feuilles tombent, nous tomberons comme elles
Les feuilles tombent parce que Dieu le veut
Mais nous, nous tomberons parce que les Anglais
    le veulent
Au printemps prochain personne ne se souviendra
    plus ni des fueilles mortes, ni des poilus tombés
La vie passera sur nos tombes[36]

A similarly strange atmosphere existed in Paris where there were few signs, in daily life, that a war was on, but where air-raid sirens practised regularly, and occasionally, anti-aircraft guns would open at German planes on reconnaissance or on propaganda-dropping missions. The American correspondent A.J. Liebling describes another leaflet: a picture showing British tommies making love to naked French girls while a *poilu* (French soldier) died in barbed wire.[37]

On the French side, the government took what action it could against subversion from within, and against the reported activities of the German 'fifth column', but as the following text shows, the subtlety of the French approach to the war was hardly an appropriate response to the blunt and brutal German one. Only in France, one suspects, could a refined playwright, essayist and novelist, applauded for the elegance of his thought and language, be made head of the government propaganda office. And only in France could such a position be given to a person renowned for his pacifism and his admiration of German culture. And yet it was to Jean Giraudoux that this task fell. The following extracts are typical of his work in this area.

The first is a speech given to a luncheon at the American Club of Paris: after showing how clearly he has understood Hitler's intentions and tactics, he adopts the paradoxical view that all civilized people are exiled from the true Germany, and that the real aim of the French war is to save that true Germany. The purity of this purpose is guaranteed, he believes, by the fact that France's military leaders hate war, and that the best of the civilian leaders are germanophile.

The second is a radio broadcast, made at the end

Attaquerai, un peu, beaucoup, à la folie, pas du tout. Attaquerai... etc.

Newspaper cartoon from the *Drôle de Guerre*: an undecided Hitler in the role of a lover trying to discover his fate from flower-petals.

of that first long winter of the war, which was still at a stand-off. He addresses to all the classes of French society a message of hope and faith, and issues a warning about the menacing consequences of a German victory. Prophetic in that regard, and clear-headed about the fact that true peace cannot come simply from an absence of war, he urges his compatriots to work towards the building of a new, more modern France.

«EXILÉS D'ALLEMAGNE»

Pour savoir vraiment où en est la guerre, rapportons-nous-en à Hitler, qui s'y connaît. Citons ses paroles:

«Nos guerres véritables, dit-il, se dérouleront avant les actions militaires. Nous n'utiliserons pas nos armées de masse comme en 1914. Ce que la préparation d'artillerie a signifié dans la guerre de tranchées pour l'attaque de l'infanterie, à l'avenir c'est la décomposition psychologique de l'adversaire qui aura à le faire par la propagande avant que les armées puissent entrer en action. Le peuple adverse doit être démoralisé, prêt à la capitulation, en état de passivité absolue, avant que l'on ait le droit de penser à une action militaire quelconque.

Je ne passerai pas par la ligne Maginot. Je manoeuvrerai la France hors de sa ligne Maginot sans perdre un seul soldat, c'est mon secret.»

Voilà la guerre d'Hitler. Nous aussi nous la faisons et avons le droit de la faire. Nous estimons y gagner. Nous y avons déjà épargné des centaines de milliers de vies françaises. Mais il ne faut pas croire qu'elle soit pour cela facile. Tous ceux qui ont été soldats savent que, les matins d'attaque, ce n'est pas la sortie des tranchées qui est le plus dur. C'est l'attente. Il convient d'estimer à son prix le courage de ces millions de soldats qui attendent dans l'hiver et la boue, de ces millions de familles qui attendent dans une vie précaire, sans les pères, sans les fils, sans joie. [...]

Quand un pays (l'Allemagne), de la hauteur morale où l'ont hissé des siècles de labeur, d'art ou de passion, se laisse choir à ce point, ce n'est pas seulement lui-même qu'il trahit, mais tous ceux qui participent à ce bien commun qui est l'âme civilisée. Tous ceux auxquels le sang répugne, auquel le mépris de l'homme répugne, sont exilés d'Allemagne. C'est à eux, c'est à nous surtout, Français et Anglais, car, comme voisins directs, nous revendiquons la principale part de cette tâche, de la rétablir dans son rôle et dans sa vraie puissance. Les buts de guerre français en ce qui concerne l'Allemagne? Mais, ce sont les buts de guerre allemands eux-mêmes! Donner à l'Allemagne son vrai espace vital, c'est-à-dire lui enlever son âme de soumission; rendre à l'Allemagne sa vraie nature, c'est-à-dire lui interdire d'être par action ou omission le complice du mal; donner à l'Allemand sa vraie nourriture, c'est-à-dire remplacer son livre de haine, de mensonge, d'orgueil, par ses lectures d'autrefois, et *Mein Kampf* par *Mein Frieden*.[38]

Une Allemagne pacifique quelle que soit sa population; modeste quelle que soit l'ampleur de son territoire; humaine quelle que soit sa fortune ou

11

son infortune, voilà notre but de guerre. Lui donner sa liberté en la libérant des esclaves qu'elle a faits, Autriche, Tchécoslovaquie, Pologne, et de ceux qu'elle va faire. Lui donner son espoir, en châtiant tous les hommes, en ruinant toutes les institutions qui l'ont menée à cet abîme. Lui donner sa conscience, en la forçant à voir par ses propres yeux, à lire dans ses propres ouvrages, à entendre par sa propre voix où sa folie a conduit le monde, où sa sagesse reconquise peut la mener. Voilà la tâche que nous accomplirons, Angleterre et France, quelles que soient les circonstances, et nous ne nous arrêterons pas avant qu'elle le soit pleinement...

La garantie de loyauté que nous donnons à l'univers, et en particulier à votre pays, à cette Amérique dont l'assentiment et l'estime sont indispensables à tout grand effort humain,[39] c'est que les chefs de notre armée sont certainement ceux qui haïssent le plus la guerre, et que ceux qui conduisent notre guerre morale sont ceux qui connaissent le mieux l'Allemagne et en ressentent le plus l'absence.

Source: Jean Giraudoux, Allocution prononcée le 14 décembre 1939: «Réponse à ceux qui nous demandent pourquoi nous faisons la guerre et pourquoi nous ne la faisons pas». Document held by Bibliothèque nationale, Paris (droits réservés).

Pour l'avenir français

Nous sortons à peine du froid. Nous sommes au cœur de l'hiver... d'un hiver qui a été rude... qui n'est pas fini. Ce froid, cet hiver, nous nous en accommodons, nous le supportons. Nous le supportons parce que nous savons qu'une autre saison suivra, celle du beau temps, suivie elle-même d'une autre saison, celle des fruits. Cette terre gelée, ces arbres sans feuilles sont la promesse même du blé, du vin, des fleurs...

Nous sommes dans l'épreuve. Nous sommes au cœur de la guerre.[40] Nous ne pouvons l'accepter, la supporter que grâce au même secours, par l'espoir.

Quel espoir? Quel est cet espoir qui vous donnera la force, à vous, paysans, à la fois de former la majorité des combattants et d'entretenir le sol du pays, à vous ouvriers, ou de vous battre au front, ou d'accomplir le labeur de l'arrière, à vous tous, qui que vous soyez, artisans, commerçants, prêtres, médecins, de renoncer à tant de vos droits, de vos libertés, à vos métiers, aux missions et aux devoirs même de votre vie?

Il faut que ce soit vraiment un espoir qui en vaille la peine. Quel est-il? Quel doit-il être? Je voudrais le chercher avec vous, le chercher en vous aujourd'hui. Car inconsciemment il est en vous, il vous donne votre vraie force. Mais, comme toute foi, il n'en sera que plus agissant s'il est clair à vos yeux.

Cet espoir, est-ce celui de la victoire? Non. Pas seulement celui-là. La victoire n'est que notre devoir le plus strict.[41] Je crois que tous les Français sont d'accord désormais sur ce que nous vaudrait la défaite. Nous n'avons pas le choix. Aucune classe de la nation n'a le choix. Il nous faut vaincre.

Je veux vous prendre aujourd'hui pour exemple, vous, paysans, qui formez la classe la plus nombreuse du pays, qui êtes le fond de notre race, qui êtes la trame de notre armée. Vous savez la vérité en ce qui vous concerne. L'ennemi peut donner à la guerre tous les prétextes, politiques ou autres, prétendre que l'Allemagne est encerclée, dire que le régime de Hitler est une religion qui doit devenir universelle; la vérité est celle-ci: il est un peuple, le peuple allemand, qui veut prendre les terres des autres, et ces autres se défendent. Et il ne s'agit pas de terres lointaines. Hitler a toujours dit qu'il ne ferait pas la guerre pour des colonies! Il fait la guerre, c'est donc pour des terres proches. Cet espace vital qu'il réclame, c'est le sol. Il l'a dit textuellement dans son livre:[42] le sol de ses voisins. Voyez la guerre de Pologne, Hitler a prétendu qu'elle avait pour but de donner à l'Allemagne Dantzig, qui était une ville. La vraie raison était d'occuper toutes ces provinces limitrophes[43] de l'Allemagne, qui étaient la campagne, d'en chasser les fermiers polonais, d'y établir les siens. Comment imaginer, si l'Allemagne a confisqué les terres de ses voisins de l'Est, qu'elle respectera celles de l'Ouest qui sont plus accessibles, plus fertiles, sous un climat meilleur? Les vraies colonies que désire l'Allemagne, qu'elle prendra si elle le peut, ce n'est pas le Cameroun, le Tanganyka – lorsqu'elle possédait des domaines quatre fois étendus comme son territoire d'Europe, elle n'y a envoyé que quelques milliers d'Allemands, la plupart soldats; – c'est la Lorraine, la Champagne, ce sont les bords de l'Atlantique et de la Méditerranée.[44] [...]

Il serait fou de croire que l'Allemagne puisse se montrer plus douce envers les paysans français qu'envers les paysans polonais. Elle les dépossédera, en masse, elle les exilera en masse, hommes d'un côté, femmes d'un autre, enfants d'un troisième, vers les travaux stériles, les déboisements, les terrassements, vers la misère. Qu'il s'agisse des pâturages normands ou des vignobles, ils seront confisqués au profit des vainqueurs. Un matin, propriétaires et vignerons seront convoqués par la Kommandantur avec quelques jours de vivres, parqués, dirigés sans bagages vers une destination inconnue; et, dans la Mairie du canton, il sera procédé à une nouvelle répartition du cadastre. Les opposants seront fusillés... C'est aussi simple que cela...[45]

Et ce qui est vrai pour les paysans l'est aussi pour chaque autre classe de la nation vaincue. Aucune ne pourra plus compter que sur l'expropriation et sur l'esclavage. L'Allemagne ne peut être qu'impitoyable. Comment lui viendrait-il à l'idée de conserver à des étrangers les libertés, les droits qu'elle a arrachés à son propre peuple?

Mais, me dira-t-on alors, cet espoir, c'est la Paix? Oui, si l'on veut. Le mot Paix, en effet, est un beau mot. Mais il y a paix et paix. Nous l'avons eue, la paix. Elle est venue vers nous aussi belle, aussi victorieuse, aussi prometteuse qu'une paix peut venir. Elle est venue en 1918, au-dessous des arcs de triomphe, escortée de ses futures défenseurs, les cinquante nations qui se vouaient à elle.[46] Au bout de peu d'années, il n'est resté de cette paix qu'une France insatisfaite, que des peuples divisés, menaçants, ou apeurés, que la guerre. Pourquoi?

Parce que, après les souffrances de cinq ans de guerre, nous avons cru que la paix était en soi un bien suffisant, que le fait d'être en paix dispensait de tout autre effort, de toute autre foi, de toute autre morale, que le fait d'être victorieux donnait l'avenir. Nous savons aujourd'hui que rien n'est plus faux. Certes, l'espoir d'une paix victorieuse est un motif valable pour le dévouement de nos soldats et pour nos efforts. Il permet de mener la lutte avec résignation, avec obstination. Il ne permet pas de la mener avec cet élan, avec cette décision intérieure, avec cette approbation totale du cœur, de la conscience, qui mettra la sérénité ou même l'allégresse dans les occupations journalières de la guerre comme dans ses moments les plus critiques. Que faut-il pour cela?

Il faut pour cela une foi. Il faut pour cela que nous imaginions cette paix, non comme un terme, mais comme un commencement. Il faut que la paix ne soit pas celle de 1918, qu'elle ne consiste pas seulement à retomber, avec des deuils en plus, avec des biens en moins, dans la routine et l'incertitude d'avant-guerre. Il faut que la guerre serve, que le pire mal serve, que la guerre soit l'écluse entre une époque nouvelle. [...] Nous en sommes capables. L'Etat-Major publiait, l'autre jour, un bulletin où il était signalé que depuis le mois de septembre notre armée avait déjà, en constructions, en fossés, en routes, réalisé l'équivalent des plus grands travaux qui aient été faits dans le monde. En cinq mois les bras mêmes de ceux qui tiennent le fusil ou lancent la grenade ont réalisé l'équivalent des Pyramides, du Canal de Suez, une œuvre de maçonnerie qui égale cent villes nouvelles. Nous n'avons qu'à suivre cet élan. [...] Voilà l'espoir qui nous permettra, d'une guerre défensive, de faire une guerre positive et offensive. Une guerre défensive est souvent taciturne, hargneuse, elle tend les nerfs, elle contracte le cœur. Mais c'est d'un cœur détendu, de bras souples, que nous irons chercher dans la victoire, dans la défaite de l'ennemi, notre vrai butin de guerre, qui est la France moderne. Ce sera là la différence entre la guerre de ceux que nous combattons et la nôtre. Ce sera un nouvel ascendant que nous prendrons sur eux. Ils n'ont plus à gagner que par la défaite. Nous, nous avons devant nous, si nous voulons, comme l'a toujours eu la France dans ses heures critiques, notre avenir entier.

Source: Jean Giraudoux, Allocution radiodiffusée, prononcée le 22 février 1940. Document held by the Bibliothèque nationale, Paris (droits réservés).

13

2

The débâcle
(10 May–20 June 1940)

The 'Drôle de guerre' came to an abrupt end on Friday, 10 May 1940, when the German Army, ignoring both Belgian neutrality and the French defence strategy, launched its *Blitzkrieg* attack across Holland and Belgium. It skirted around the western extremity of the *Ligne Maginot*, and sent part of its multiple thrust through the Ardennes, difficult terrain that the French had believed as impassable as the Maginot Line itself. French and British troops moved north across the border to meet the attack, but the failure of the Dutch and Belgian armies, which capitulated after five and eighteen days respectively, together with a patchy fortification system in Belgium, made defence difficult. Six weeks from the outbreak of fighting, the 84-year-old Marshal Philippe Pétain, who had taken over the reins of government from Paul Reynaud a few days before, was petitioning Hitler for an armistice, which was signed on Saturday, 22 June.

The extent of the catastrophe was such that even now, almost a half-century later, its causes and consequences remain a subject of intense and often bitter debate. We have seen how the 'Maginot' mentality grew out of a collective defensive fear, which was not at all conducive to flexible strategy development. This meant, in particular, that the role of tanks and aircraft was not understood. It is none the less difficult to comprehend the mechanisms of such a sudden collapse, given that the French army was both large and generally well-equipped, and that it was perfectly confident in its ability to bring the war to a rapid and successful conclusion. Once the collapse had occurred, there began a chain of reactions seeking where to place the blame for the disaster that had brought down the Third Republic and turned both the army and the civilian population into a bewildered, resentful and uprooted rabble. There were those who blamed the generals, those who blamed the British for letting them down, those who blamed the *Front populaire*, those who blamed the intellectuals and the artists, those who blamed the politicians. What is clear is that no single or simple explanation can be offered. The following texts help show just how complicated those tragic six weeks were.

MILITARY DEFEAT

Louis Lévy (born 1895) had been a lawyer, a journalist, and an active member of the French Socialist Party since 1920. When hostilities broke out, he became the war correspondent of Léon Blum's daily paper *Le Populaire*. After roving the front until 9 June, he returned to Paris, intending to stay there, but joined the mass exodus that took the government, the press, and millions of ordinary citizens south, to Tours first, and then Bordeaux. Abandoning what he calls the world of the '*capitulards*' for London, he wrote his account of the events of May–June – *Vérités sur la France* – during the autumn of 1940. It appeared first (in English translation) in February 1941, and in the French version in April.

Lévy's work is significant in several ways. It is an example of the instinctive and patriotic idealism which inspired the first currents of resistance

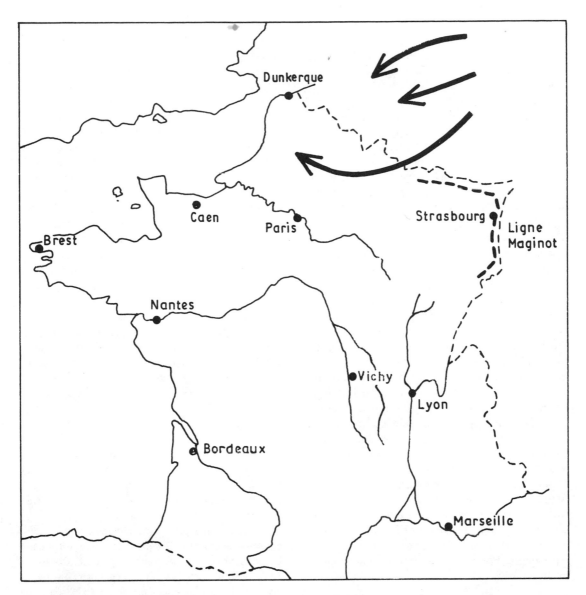

Map 1: The German offensive

against the climate of defeatism. It is also an attempt to define the responsibilities for the defeat, in the tradition of investigative journalism, by eye-witness reporting, and by a serious effort to analyse the conflicting ideologies imbedded in the French political scene and the impact of the personalities that helped mould the evolution of events. More importantly, it is an excellent early example of an attempt to create a context in which an untangling of the confusions of the period might occur: he continues to look at France from *inside* the war, as it were, but his point of view is placed *outside* the

15

defeat. During the course of the war, dozens of similarly-inspired books were written by temporarily expatriate French men and women, published in Britain, Canada, or the USA, with the double aim of raising the morale of their compatriots, and of bringing to the minds of the Allies an image of France more universal, more resilient and more honourable than that reflected by the Vichy government or the occupied homeland.

The following passage belongs to the reportage side of Lévy's book. When the French front line broke at Sedan, symbolic memories were evoked of the Prussian victory of 1870, and Lévy is at pains to show that 1940 was no such capitulation. Despite his insistence on the French defenders' courage and resourcefulness, however, there is a desperate hopelessness in the description of what is after all little more than futile bravery in the face of an unstoppable force: a 'victory' which serves only to protect the retreat of a badly mauled division is hardly cause for triumph. Lévy's vision is of a 'Shakespearean drama in which the sinister laughter of the fools often mingles with the groaning of the victims' (p. 178). None the less, the bravery and the sacrifice are there, and strongly enough in evidence to counteract any suspicion of cowardice on the part of the soldiers themselves.

Among the various names of French commanders mentioned, one deserves special attention: General de Lattre de Tassigny (1889–1952), who already shows distinctive courage at Rethel as commander of the 14th Infantry Division, will continue to do so throughout the war, and after participating in the liberation of France at the head of the First Army, will have the honour of representing France at the German capitulation in Berlin in May 1945.

La bataille de Rethel

Rethel est située à une quarantaine de kilomètres au sud de Mézières-Charleville.[1] La ville est bâtie sur les deux rives de l'Aisne. Rethel, pour employer le langage des techniciens, «pince trois rocades». Entendez que cette ville commande trois grandes voies de communications: une au nord vers Mézières, une au sud vers Reims et la Marne, une à l'ouest vers le département de l'Aisne se prolongeant vers l'Oise. [...]

Le 15, la bataille commence. Des chars allemands avancent au nord de l'Aisne. On va tenter de les arrêter par des moyens de fortune.[2] La tâche est délicate: il y a trente à quarante chars devant chaque localité. Les nazis[3] opèrent très méthodiquement. Les chars sont précédés de motocyclistes, les premiers éléments ouvrent tout de suite le feu de façon à déclancher les armes anti-chars. Les gros chars viennent derrière. En liaison avec les éléments blindés, des avions – généralement du type Henschel – volent lentement en rasemotte, et descendent jusqu'à 50 mètres. L'infanterie fait front de son mieux. Dans l'aprèsmidi, elle démolit une trentaine de chars avec de petits canons de 25. Deux canons des «diables rouges»[4] ont démoli, à eux seuls, au moins huit chars, peut-être douze. Avec cet esprit d'adaptation qui est bien la meilleure qualité du troupier français, nos hommes ont dû, dès ce jour, commencer de s'habituer à la tactique nouvelle. Ils s'aperçoivent que les chars, en fuyant, ne sont pas touchés par les projectiles lancés à longue portée, qu'il faudrait les tirer de plein fouet. Ils constatent aussi que le blindage allemand est perméable à certain calibres français, notamment le 47.

Mais laissons la technique pour ne parler que du courage des hommes: dans une village, des hitlériens mettent le feu et arrivent avec des chars. Nos petits canons ont tiré à 30 mètres: ils ont écrasé les chars.

Ainsi, nos troupes – principalement le 152e – résistent pied à pied. En effet, le général Touchon a confirmé les instructions du général Corap: la 14e division doit essayer d'organiser un réduit défensif. Le commandant Jahan, du 152e, tente d'y parvenir dans la région d'Omont, à une vingtaine de kilomètres au nord-est de Rethel; il cherche à faire une liaison avec des éléments de cavalerie, et il réussit à accrocher deux bataillons du 152e comme deux bouées de môle (c'est de cette expression empruntée au langage des marins qu'il se sert dans son rapport).

Dans la soirée, vers 9 heures et demie, le général

de Lattre rencontre à Rethel un agent de liaison d'un bataillon de chars d'une quelconque division. L'agent de liaison, qui a la charge de trois chars B en panne, voudrait savoir quand les ponts sauteront, car il désire transporter ses chars aussi vite que possible sur la rive sud de l'Aisne.

– Ils ne sauteront pas, dit le général. Je garde les chars…

Ces chars firent merveille. Leurs exploits paraissent appartenir au domaine de la légende. Ecoutez cette brève anecdote: un commandant monté sur un char, un capitaine adjudant-major, monté sur un autre char, aperçoivent seize chars allemands arrêtés dans un chemin creux, à 1.000 mètres de là. Les deux officiers se séparent. L'un d'eux [...] se porte au devant de la colonne allemande et détruit deux chars; l'autre se dirige derrière la colonne et en détruit deux également. Il ne reste que douze chars ennemis. Nos deux officiers les abattent alors, m'a dit le capitaine Laurent, «comme au guignol».

Cependant, il était impossible de résister sur ces positions. La poussée allemande s'exerçait avec une vigueur accrue. Une division blindée harcelait nos troupes. On décide donc de se replier et de se porter sur l'Aisne. C'est alors qu'on installe la tête de pont sur la rive nord: de la sorte, on permet aux troupes de l'armée Corap en retraite de passer sur la rive sud de l'Aisne et d'être récupérées. Pendant quatre jours, le 16, le 17, le 18, le 19, jusqu'au 20 au matin, la 14e division de Lattre va tenir malgré des attaques forcenées. Quatre jours et cinq nuits de batailles qui s'apparentent aux plus glorieux chapitres de la guerre de 1914–1918! On a résisté tant qu'il a fallu. Et c'est seulement quand le passage des soldats fugitifs eût été assuré et que l'ordre écrit de repli eût été donné, que les troupes abandonnèrent la rive nord en bon ordre, firent sauter les ponts, et s'installèrent sur la rive sud. [...]

Mais il faut dire aussi, malheureusement, que tant d'efforts ne furent point obtenus gratuitement. Le 152e perdit la moitié de ses officiers, 1.000 sous-officiers et hommes de troupes; au total 40 pour cent de son effectif. [...] Pour apprécier pleinement l'effort qui fut fourni, songez [...] qu'il

fallut tenir 28 kilomètres de front avec les deux tiers d'une division.

Source: Louis Lévy, *Vérités sur la France*, Harmondsworth–New York, 1941, pp. 21, 27–9

DUNKIRK

The replacement of the ineffectual Gamelin by Weygand as the Supreme Commander of the Allied Forces did not prevent the powerful sickle movement of the German army which trapped half a million British and French troops in the region north of Calais. The Dunkirk evacuation, in which huge numbers of sea-craft, large and small, some French but mostly English, military and civilian, were used to transport over 300,000 troops across the Channel, was an achievement of epic proportions. The operation lasted for nine days in consistently hellish circumstances. For the English, it was the only way of being sure of continuing the struggle. For the French, on the other hand, it was another example of superhuman – but ultimately futile – courage being demonstrated in the presence of the Germans' relentless push forward.

The following passages are taken from *Le Figaro*, a conservative daily newspaper whose nationalist bias is evident, and, in the circumstances, not surprising. It is worth noting that the tone of the military communiqués is still optimistic, and the importance given to the alliance with Britain is especially clear in the very full report of Winston Churchill's speech to the House of Commons.

Des combats ont lieu sur la basse Somme

Nous avons fait des prisonniers

LES COMMUNIQUÉS DU 4 JUIN

MATIN

Au cours de la nuit, les embarquements se sont poursuivis avec activité dans la région de Dunkerque, grâce à la résistance de nos troupes et malgré des difficultés sans cesse accrues par la pression de l'ennemi.

LE FIGARO

PINT DES CHAMPS-ÉLYSÉES, PARIS (8ᵉ)

ÉLYSÉES 98-31 A 98-38
2 H. DU MATIN : ELYS. 26-07 A 09

Loué par ceux-ci, blâmé par ceux-là, se moquant des sots, bravant les méchants,
je me presse de rire de tout... de peur d'être obligé d'en pleurer.
BEAUMARCHAIS

Le Gaulois

MERCREDI **5** JUIN 1940
N° 157   115ᵉ Année

BAROMÈTRE BOURSIER

ALOURDIES / ALOURDIES / ALOURDIES
RENTES / FRANÇAISES / INTER-NATIONALES

Livre 176 50. — Dollar 68 70.

LES DERNIERS ÉLÉMENTS ALLIÉS
ont évacué Dunkerque en bon ordre

Le raid allemand de lundi a fait 906 victimes DONT 254 MORTS

25 APPAREILS ENNEMIS AU MINIMUM ONT ÉTÉ ABATTUS

Plus de 300.000 soldats français et britanniques ont pu être embarqués

LE PORT A ETE RENDU INUTILISABLE

*Trois cents bâtiments français de guerre et de commerce,
deux cents embarcations et de nombreuses formations
de l'aéronautique navale sont intervenus*

Des combats ont lieu sur la basse Somme

Nous avons fait des prisonniers

LES COMMUNIQUÉS DU 4 JUIN

MATIN

Au cours de la nuit, les embarquements se sont poursuivis avec activité dans la région de Dunkerque, grâce à la résistance de nos troupes et malgré des difficultés sans cesse accrues par la pression de l'ennemi.

Sur le reste du front, rien à signaler.

SOIR

L'embarquement des troupes repliées sur Dunkerque s'est achevé aujourd'hui conformément aux plans établis. Jusqu'au dernier moment, dans les faubourgs d'abord, puis dans la ville elle-même, de maison en maison, s'affirma la résistance héroïque de nos arrière-gardes. L'ennemi, constamment renforcé, sans cesse resserrait son étau et sans cesse se voyait contre-attaqué. Les derniers embarquements eurent lieu sous le feu des mitrailleuses allemandes.

Cette défense implacable et le succès d'une opération aussi vaste et aussi difficile, menée sous les ordres de l'amiral Abrial et du général Fagalde, auront une influence certaine sur le développement de la lutte. Nos soldats qui reviennent du Nord et dont l'énergie demeure entière sont prêts à de nouvelles batailles.

Au cours des opérations d'embarquement s'est manifesté à un degré exceptionnel l'intime collaboration de nos armées de terre, de mer et de l'air auxquelles les forces britanniques, armée, marine et aviation ont apporté un concours inlassable. L'amiral Abrial a déclaré que le travail accompli par les Anglais était magnifique.

L'ennemi avait espéré par sa manœuvre d'enveloppement obtenir la capitulation des forces françaises et britanniques entourées par lui, elles ont échappé à son étreinte grâce à leur indomptable énergie.

Des combats ont eu lieu ce matin sur la basse Somme, nous avons fait des prisonniers.

Grande activité de notre aviation de reconnaissance sur tout le front.

Dans la nuit du 3 au 4 juin, des opérations de bombardement ont été dirigées sur les terrains d'aviation et les établissements industriels des environs immédiats de Munich et de Francfort.

Tous nos appareils sont rentrés.

Parallèlement à cette action, l'aviation britannique a attaqué par d'importantes formations la région de la Ruhr où des objectifs industriels, des gares et des raffineries ont été atteintes.

Les pertes éprouvées par l'aviation ennemie au cours de l'expédition d'hier sur la région parisienne s'élèvent au minimum à vingt-cinq appareils. En outre, plusieurs bombardiers, sérieusement atteints, ont été vus en difficulté au retour vers leurs lignes.

LE CONSEIL DES MINISTRES
QUI S'EST TENU HIER A ROME
n'a apporté aucune modification à la situation internationale

Rome, 4 juin. — Le Conseil des ministres s'est réuni à dix heures au Palais du Viminale. Un communiqué officiel énumère une longue liste de projets de lois qui ont été approuvés pendant le conseil. Les plus importants sont :

Projet sur la substitution de la main-d'œuvre féminine dans les administrations publiques, en remplacement des employés appelés sous les drapeaux ;

Un projet sur l'organisation des industries de guerre ;

Un projet sur la réquisition du cuivre.

Parmi les autres projets approuvés, citons :

Un projet sur l'organisation de la police en Afrique orientale et l'extension de la loi sur l'organisation en temps de guerre de l'Afrique italienne ;

Un projet sur les nouvelles attributions des juges ...

L'opinion américaine
de plus en plus en faveur de l'envoi de matériel aux Alliés

Câble « Figaro »

New-York, 4 juin. — Dans son éditorial d'aujourd'hui, le New York Tribune écrit que le moment est venu de déclarer devant toutes les nations du monde que les États-Unis, tout en réaffirmant leur doctrine de non-belligérance, ont cessé d'être neutres dans la guerre européenne. « Soyons précis, ajoute notre confrère américain, nous considérons que les avions les plus rapides que possède l'Amérique sont envoyés aux délais aux Alliés. Le gouvernement nazi considère l'envoi de ces secours un acte de guerre. S'il décide ainsi ...

A la présidence du conseil, on déclare que le nombre des victimes du raid de lundi sur la région parisienne est beaucoup plus élevé qu'il n'était apparu d'abord. D'autres corps ont été, en effet, découverts sous les décombres et, par ailleurs, un certain nombre de blessés ont succombé.

Partout, les victimes civiles sont de beaucoup les plus nombreuses.

On compte, pour l'ensemble de la région parisienne, 906 victimes dont ...

254 morts (195 civils et 59 militaires) et 652 blessés (545 civils et 107 militaires).

Voici d'ailleurs comment s'établit le bilan pour chacun des deux départements de la région parisienne :

Seine : 167 morts (121 civils, 46 militaires) ; 332 blessés, tous civils.

Seine-et-Oise : 87 morts (74 civils et 13 militaires) ; 320 blessés (213 civils et 107 militaires).

Parmi les morts figurent 20 enfants.

L'AVIATION FRANÇAISE
BOMBARDE DES OBJECTIFS MILITAIRES
dans les régions
de FRANCFORT et de MUNICH

*Une des plus importantes usines
de moteurs d'avions est atteinte*

GARES, AERODROMES, VOIES FERREES ET USINES ALLEMANDES ENDOMMAGES

Tous nos appareils rejoignent leurs bases

Les deux moteurs d'un « Heinkel » abattu dans nos lignes.
(Nᵒ A. 9.677.)

Le ministère de l'air français communique :

Le nombre d'avions ennemis abattus par la chasse et la D.C.A. françaises au cours du raid de bombardement effectué par l'aviation allemande sur Paris et ses environs, dans l'après-midi du 3 juin s'élève jusqu'à présent à 25, tous tombés en territoire français et dont 17 dans la région parisienne.

En outre, plusieurs appareils ennemis ont été vus en difficulté en rejoignant leurs lignes.

En réponse à ce bombardement, dans la nuit du 3 au 4 juin, nos escadrilles ont attaqué avec grand succès différents objectifs à caractère militaire en Allemagne, en particulier au voisinage de Francfort et de Munich : des aérodromes, des gares et des voies ferrées et des établissements de l'industrie de guerre. Notamment l'une des plus importantes usines de moteurs d'avions du Reich, a été touchée. De nombreuses explosions et des incendies ont pu être observés ; nos équipages et nos pilotes ont de plus rapporté des renseignements stratégiques importants.

Tous les appareils ayant participé à ces missions sont rentrés à leurs bases.

Dans la région immédiate du champ de bataille, au nord de la Somme, d'autres bombardements ont été effectués. Les objectifs assignés ont été atteints, tels que rassemblements de troupes, d'engins blindés.

L'aviation d'observation a photographié les zones à l'arrière de l'ensemble du front, particulièrement ...

Au cours de ces opérations uniques dans l'Histoire nous avons perdu deux contre-torpilleurs cinq torpilleurs et un ravitailleur

L'Amirauté française communique :

Dans la nuit du 4 juin, les derniers éléments terrestres et maritimes qui, sous les ordres de l'amiral Abrial, défendaient Dunkerque pour permettre le repli et l'embarquement des armées alliées du Nord, ont été, à leur tour, évacués en bon ordre, après avoir rendu le port inutilisable.

Par leur étroite collaboration, les marines britannique et française ont ainsi mené à bien une opération unique dans l'Histoire, qui a permis de recueillir plus de 300.000 hommes des armées alliées.

Trois cents bâtiments français de guerre et de commerce, de toutes tailles, avec 200 embarcations, ainsi que de nombreuses formations de l'aéronautique navale, ont participé à cette opération.

Nous avons perdu les contre-torpilleurs Jaguar et Chacal, les torpilleurs L'Adroit, Bourrasque, Foudroyant, Drage, Siroco, le ravitailleur Niger.

La plus grande partie des équipages a été sauvée. D'autres bâtiments ont été avariés. Certains déjà ont repris la mer.

L'Amirauté française savait que l'opération entreprise ne pouvait réussir qu'au prix du sacrifice d'un certain nombre d'unités navales et aériennes.

Les équipages de la flottille du Pas-de-Calais le savaient également : ils ont, comme à l'ordinaire, fait leur devoir.

CHRONIQUE

UN SOUVENIR DE 1915

Par MAURICE DONNAY
de l'Académie française

L'Italie a célébré dernièrement le 25ᵉ anniversaire de son entrée dans la grande guerre. Tant de choses sont changées depuis que cette guerre de 1914 semble reculée dans un lointain passé. En lisant dans les journaux les récits de cette commémoration, je me rappelais un déjeuner auquel j'avais assisté en février 1915, chez M. Homolle, alors conservateur de la Bibliothèque Nationale, déjeuner donné en l'honneur de Gabriele d'Annunzio. Il y avait là Alfred Croizet, Raphaël Colin, Georges Leygues et d'autres personnages. Je me trouvais à table à côté de l'illustre poète. Naturellement, on parlait de la situation militaire et politique. Qu'allait-il se passer dans les Balkans, entre la Roumanie, la Bulgarie, la Grèce, la Turquie, l'Albanie et surtout, surtout, qu'allait faire l'Italie ?

Comme quelqu'un demandait à d'Annunzio s'il croyait que ceux de son pays combattraient un jour à nos côtés, il répondit que l'Italie entrerait dans la guerre au printemps prochain et Georges Leygues lui ayant demandé s'il le croyait fermement et quelles raisons il avait de le croire, le poète se tourna vers moi, comme vers un allié et dédaignant de donner des raisons, prononça avec une gentille emphase : « C'est aussi sûr que l'éclosion des roses ! » J'entends encore le ton péremptoire dont il prononça cette phrase charmante et je vois encore le geste élégant dont il la souligna, et quelle flamme dans son regard ! Il aimait la France, il aimait Paris où de grands écrivains et de grands artistes lui avaient fait un confraternel accueil.

A cette époque, ...

Sur le reste du front, rien à signaler.

SOIR

L'embarquement des troupes repliées sur Dunkerque s'est achevé aujourd'hui conformément aux plans établis. Jusqu'au dernier moment, dans les faubourgs d'abord, puis dans la ville elle-même, de maison en maison, s'affirma la résistance héroïque de nos arrière-gardes. L'ennemi, constamment renforcé, sans cesse resserrait son étau et sans cesse se voyait contre-attaqué, les derniers embarquements eurent lieu sous le feu des mitrailleuses allemandes.

Cette défense implacable et le succès d'une opération aussi vaste et aussi difficile, menée sous les ordres de l'amiral Abriel et du général Fagalde, auront une influence certaine sur le développement de la lutte. Nos soldats qui reviennent du Nord et dont l'énergie demeure entière sont prêts à de nouvelles batailles.

Au cours des opérations d'embarquement s'est manifestée à un degré exceptionnel l'intime collaboration de nos armées de terre, de mer et de l'air auxquelles les forces britanniques, armée, marine et aviation ont apporté un concours inlassable. L'amiral Abrial a déclaré que le travail accompli par les Anglais était magnifique.

L'ennemi avait espéré par sa manoeuvre d'enveloppement obtenir la capitulation des forces françaises et britanniques entourées par lui, elles ont échappé à son étreinte grâce à leur indomptable énergie.

Des combats ont eu lieu ce matin sur la basse Somme, nous avons fait des prisonniers.

Grande activité de notre aviation de reconnaissance sur tout le front.

Dans la nuit du 3 au 4 juin, des opérations de bombardement ont été dirigées sur les terrains d'aviation et les établissements industriels des environs immédiats de Munich et de Francfort.

Tous nos appareils sont rentrés.

Parallèlement à cette action, l'aviation britannique a attaqué par d'importantes formations la région de la Ruhr où des objectifs industriels, des gares et des raffineries ont été atteints.

Les pertes éprouvées par l'aviation ennemie au cours de l'expédition d'hier sur la région parisienne s'élèvent au minimum à vingt-cinq appareils.[5] En outre, plusiers bombardiers, sériusement atteints, ont été vus en difficulté au retour vers leurs lignes.

Source: *Le Figaro*, mercredi 5 juin 1940, p. 1

M. Churchill fait aux Communes le récit épique de la campagne des Flandres

Londres, 4 juin. – M. Churchill a fait aux Communes une déclaration dans laquelle il a tracé le tableau des opérations militaires qui se sont terminées par le rembarquement des troupes franco-britanniques à Dunkerque.

Le premier ministre commence par rappeler les circonstances dans lesquelles, après la pénétration des troupes allemandes en France, une brèche fut opérée au Nord de la Somme. «Les Allemands, dit-il, s'engouffrèrent devant l'aile droite et derrière les armées du Nord. Huit ou neuf divisions blindées, chacune d'environ 400 véhicules armés de différentes sortes, interceptèrent toute communication entre nous et le gros des armées françaises. Ces divisions blindées se ruèrent vers la côte en direction de Boulogne, de Calais et presque à Dunkerque. Derrière cette vague d'engins blindés et mécanisés vinrent un grand nombre de divisions allemandes montées sur camions et, derrière elles, se déplaçant lourdement et, en comparaison lentement, la morne masse de l'armée allemande ordinaire et du peuple allemand toujours si prêt à fouler aux pieds les autres pays, les libertés et le bien-être qu'ils n'ont jamais connus eux-mêmes. Ce coup de faux des unités blindées atteignit presque Dunkerque, presque, mais pas tout à fait. Boulogne et Calais furent le théâtre de combats désespérés. Les gardes défendirent Boulogne durant un moment et furent retirés sur les ordres venus de Grande-Bretagne.

Une brigade d'infanterie, le 60e Fusiliers et le «Queen Victoria Rifles», avec un bataillon de tanks britanniques et un millier de soldats français, faisant un total de quatre mille hommes, défendirent Calais jusqu'au bout. (*Acclamations*.)

On avait donné une heure au commandant britannique pour se rendre. Il repoussa l'offre avec mépris. (*Acclamations.*) Et quatre jours d'intenses combats de rues se passèrent avant que le silence ne régnât sur Calais, marquant la fin d'une mémorable résistance.

Un petit nombre de survivants indemnes seulement furent sauvés par la marine et nous ne connaissons pas le sort de leurs camarades.

Leur sacrifice n'a cependant pas été inutile. Au moins deux divisions motorisées, qui sans cela auraient été retournées contre le corps expéditionnaire britannique, durent être envoyées pour venir à bout de leur résistance. [...]

C'est ainsi que le port de Dunkerque fut maintenu ouvert. » (*Acclamations.*) [...]

Le premier ministre décrit ensuite en détail l'effort énorme accompli par les Allemands pour empêcher les troupes alliées d'atteindre la côte et pour rendre impossible leur rembarquement, et l'attitude héroïque des forces alliées de terre, de mer et de l'air. [...]

«Notre aviation a infligé à l'ennemi des pertes quatre fois plus grandes que celles qu'elle a supportées.

Notre flotte, employant mille bâtiments de toute espèce, a retiré plus de 335,000 Français et Anglais des mâchoires de la mort.

Nous devons nous garder de donner à cette délivrance l'aspect d'une victoire. Les guerres ne sont pas gagnées par des évacuations, mais je dois dire que je trouve dans les faits que je viens de rapporter des éléments réconfortants. [...]

Les pertes anglaises ont été très grandes. Trente mille hommes sont tués, blessés ou manquants. La plupart des blessés sont rentrés en Angleterre et une grande partie des manquants peut encore être retrouvée. Ces pertes représentent le tiers des pertes alliées au printemps de 1918.

Les pertes matérielles ont été énormes. Cela va retarder encore le développement de notre force militaire qui n'est déjà pas si rapide que nous le voudrions. Combien de temps ce retard durera-t-il? Cela dépendra de notre effort ici en Grande Bretagne. Si chacun de nous fait son devoir, il doit être possible de la rattraper en quelques mois. [...]

L'Empire britannique et l'Empire français, liés par leur amitié et leurs intérêts identiques, défendront leur sol et s'aideront mutuellement comme de bons camarades.

Notre force sur mer et dans les airs défendra nos côtes, mais même si l'ennemi réussissait à débarquer, nous défendrions nos côtes et nos prés et nous combattrions dans les rues. Même si ces îles étaient prises, l'empire continuerait le combat jusqu'au moment où le Nouveau Monde arriverait pour libérer le Vieux Monde.»[6]

Source: *Le Figaro*, mercredi 5 juin 1940, pp. 1–2

EXODUS

The awaited second big German offensive began on 5 June, striking France's second-line defences along the Somme and the Aisne, and resulting in a complete rout of the French army. Louis-Ferdinand Céline noted with irreverent mischief in *Les beaux Draps* (Paris, 1941): 'Moi j'ai fait la retraite comme d'autres, j'ai pourchassé l'Armée Française de Bezons jusqu'à La Rochelle, j'ai jamais pu la rattraper' (p. 11).

At the head of a government that was fragmenting under the pressure, Paul Reynaud did not have the character to resist the gathering mood of capitulation. Indeed, his own will to continue the fight must be questioned in the light of his choice of men like Weygand and Pétain – both notoriously anti-republican – to advise him. Inadequate to the task of insisting on the defence of Paris, unable to persuade the government to carry on the war from the North African colonies, when the US government persisted in turning a deaf ear to his frantic pleas for help, he finally handed over to Pétain on 17 June, thus sealing the defeat.

Maurice Sachs was both participant and witness in the exodus that drained Paris of its population over the days of 11, 12 and 13 June, clogging the roads south with millions of civilian refugees, in every sort of vehicle or on foot, blocking the orderly movement of the armed forces, and creating a chaos of national proportions. Sachs could not be more different from Louis Lévy.

Thirty-four when the war broke out, he had behind him a life of theft, deceit and homosexual promiscuity which had aged and disillusioned him beyond his years. Ruthlessly self-indulgent in some ways, he is in others a tellingly mocking commentator on the seamier aspects of his times. The four volumes of his memoirs (*Le Sabbat, La Chasse à courre, Tableau des moeurs de ce temps*, and *Derrière cinq barreaux*) were written during the war, and published after his sordid death in Germany, where he had been active as an antisemitic Jew and a Gestapo 'mole'.

We shall find him again in our account of the high life of society's moral dregs in Occupation Paris. In this first text, we find the sneering cynicism that typifies much of his writing, together with the cruel accuracy of depiction. His belief that western civilization, and France in particular, was in its death throes may have been seeded by the 1929 New York *krach*, which ruined him and provoked his mother's suicide; but it was a belief shared by many. Some, like Pétain, thought of the decadence as a stimulus to a penitential national moral revolution – a view which would prove to have, at least for a time, a wide basis of support. But there were others, like Sachs or Céline, who scorned such faith as puerile or as a sign of collective senility. In this text, Sachs's observation of the rising importance of the USA seems justified; much less so is his implication of the quasi-natural dominance of Europe by Germany. Psychologically, the portrayal of decadence as an inevitable movement of History has the obvious – and convenient – effect of absolving everyone of responsibility.

L'exode

Depuis l'après-midi, il s'était répandu au-dessus de Paris un nuage dense et noir de cendres, de fumées, de je ne sais quelle vapeur d'apocalypse.[7] Quand nous partîmes, le nuit en était encore surchargée, épaissie et impénétrable; les phares éclairaient trois mètres devant soi, et déjà, aux portes de Paris, sur les routes, se pressaient des milliers de voitures transformées en bizarres roulottes: des matelas sur les toits, des cages d'oiseaux, des chiens, des hamacs d'enfants, des malles, une quantité inimaginable de bagages: l'exode qu'on a prétendu avoir été inspiré par les Allemands. Impossible d'avancer à vingt kilomètres à l'heure. Je pressentais mon retour rapide très compromis. Vers 4 heures du matin tout s'immobilise, on hurle: «Eteignez! les phares! les phares!» Un jet d'avions passe au-dessus de nous en rase-mottes, mais sans bombarder. La peur jette quelques conducteurs avec toute leur charge dans les fossés, cent piétons courent se dissimuler dans la broussaille. Voulant tenter quand même de revenir à Paris après avoir atteint Tours, je fonce de l'avant au milieu des cris de revendication. Je fais dix kilomètres en doublant la cohorte, qui avait repris lentement sa marche, puis force m'est d'arrêter. Alors je quitte la grand'route, j'emprunte des traverses que m'indique la carte et, poussant l'auto au maximum, m'abreuvant de whisky à la gourde que j'avais empruntée, j'arrive enfin à Tours dans un temps record. Mais certes il n'était pas question de retourner sur Paris. En sens inverse de l'afflux des fuyards, on n'eût pas fait passer une patinette d'enfants. La panique, la vraie, gouvernait tout ce monde. Spectacle assez répugnant en vérité. Et déjà couraient des rumeurs et des anecdotes: les Russes auraient déclaré la guerre à l'Allemagne. Des avions italiens auraient bombardé les civils, des voitures un peu partout seraient en flammes, des morts joncheraient les routes.

On s'installa à Tours comme on put, assez mal, et le personnel de *Radio-Mondial*, qui s'était entassé, nous rejoignit. [...] Le gouvernement stoppant à Tours, nous en fîmes autant, et je crois que je fournis la dernière émission française aux Etats-Unis, qui fut, cette nuit-là, un récit de l'exode. Nous nous réunissions le matin dans une école désaffectée pour nous concerter sur des riens ou sur des projets. On croyait que l'armée se défendrait, repliée sur la Loire, et que le gouvernement serait en sûreté à Bordeaux où l'on parla bien vite d'aller. A notre dernière réunion parut inopinément un livreur qui cherchait «M. Sarraut,[8] pour lui livrer un petit coffre-fort de voyage.» On voit que le ministre de l'Intérieur pensait à tout.

Trois jours plus tard nous partions derrière le gouvernement pour Bordeaux, mais par de petites routes départementales. Voyage assez gai, nourri, arrosé, coupé d'un arrêt à Richelieu, où l'habitant nous hébergea le plus gracieusement du monde. [...] La plaque d'embrayage se rompit à soixante kilomètres du but. [...] Abandonnant l'auto, nous montâmes dans un train. Telle était la situation que ces trains étaient bourrés, bondés au comble, et immobilisés sur des voies de garage. Après douze heures de couloir et d'ennui, je descendis téléphoner à Bordeaux que les services de radio nous fissent chercher. Nous arrivâmes à Bordeaux vers 11 heures du matin. Je n'ai rien vu qui se pût comparer.

Trois millions de réfugiés encombraient la ville. L'*hôtel Splendide* et l'*hôtel de Bordeaux*, non seulement n'avaient plus une chambre disponible, mais louaient les fauteuils du hall. Une personne étrange, une Mélisande[9] en voyage, avec voiles de tweed, avait loué l'un de ces fauteuils, et les courants d'air de la porte tournante lui causaient le plus affreux des rhumes. Mais n'importe, elle était aux nouvelles, parlait aux ministres, et s'écriait en minaudant, grotesque:

– Je ne bouge pas..., je ne bouge pas. J'ai là, sous mon fauteuil, ce qu'on appelle, je crois, un casse-croûte, et je ne bouge pas. On m'autorise à prendre un bain à 6 heures du soir et je ne bouge plus.

Tout Paris, en vérité, *tout* Paris était à Bordeaux. Et, aux terrasses des cafés, on n'arrêtait pas de serrer des mains. L'angoisse de l'exode avait cédé à l'amusement de se retrouver. [...]

La débandade d'une nation est un spectacle qui, selon ce qu'on croit des hommes, navre ou dégoûte. Si j'avais cru encore à la grandeur possible de la France en tant que telle, ou si je n'avais professé pour tous les hommes en général un profond, un absolu mépris (pour tous les hommes, dis-je, y compris moi-même), je crois que j'aurais pu me suicider de honte à la vue de cette déroute. Car elle s'est *vue*, heure par heure, dans l'abandon des politiciens de Bordeaux, dans les précautions infinies que déployait chacun pour se protéger, dans ces arrivées massives de soldats en retraite,

bousculant sur leur passage les civils épouvantés. Mais je ne croyais plus à la grandeur de la France, épuisée depuis la fin du XVIIIe siècle (dont le sursaut à l'Empire fait illusion), et qui s'émiettait par l'intérieur depuis deux cents ans, pour n'être plus, à partir de 1940, qu'une petite nation à l'exemple de ces trois considérables empires du passé: Rome, Athènes et l'Espagne, qui ne sont plus rien. Et bien que je ne visse ce grand événement que par le petit bout de la lorgnette, ou si l'on veut dans un kaléidoscope d'enfant dont le jeu est simplifié, je n'en étais pas moins curieux, car je ne me dissimulai pas que nous assistons à beaucoup plus qu'à la défaite française: à l'agonie du monde méditerranéen au profit d'un univers atlantique et nordique. Oui, c'en est fait du Paris de Voltaire et du Versailles de Saint-Simon, comme c'en était fait depuis tant de siècles de l'Athènes de Socrate et de Phidias, de la Rome de César, de l'Espagne de Charles-Quint.[10] [...] Il y a des âmes, des esprits sans philosophie que cela déconcerte ou révolutionne. C'est parce qu'ils ne pensent pas assez que les Etats vieillissent inéluctablement, à la façon de l'individu, et que les empires ne peuvent pas être éternels. Mais en vérité ce ne devrait pas être une honte de vieillir. Il faut en prendre son parti. Moi qui m'intéresse beaucoup plus à l'espèce humaine dans son évolution d'ensemble qu'à l'histoire particulière des nations, et que le sort des individus indiffère ainsi que le mien propre, j'observai avec la seule curiosité de l'entomologiste cette descente au gouffre de quarante millions d'individus. Gouffre d'ailleurs fort vivable, si les Français renoncent comme il le faudra bien à de glorieuses suprématies maintenant destinées à d'autres, et se contentent de végéter, ce qui est d'ailleurs le seul désir de leur masse en décadence.

Source: Maurice Sachs, *La Chasse à courre*, Paris, 1948, pp. 22–6, 33–5, © Editions Gallimard

ARMISTICE

Marshal Pétain's first announcement that he was requesting an armistice was made on the radio on 17 June: 'Sûr de la confiance du peuple tout entier,' he affirmed, 'je fais à la France le don de ma personne pour atténuer son malheur.' Widely respected, and even revered, as a First World War hero, he had been Minister of War in the Doumergue government in 1934, Ambassador to Franco's Spain in 1939, and deputy head of government from May 1940. As a military adviser, although his neglect of the possibilities of tanks and aircraft was neither as systematic or complete as later claimed by de Gaulle, Pétain was a profoundly conservative strategist, and characteristic of the mentality which had kept military thought and teaching locked into an infantry-and-trenches defensive stance. Politically, he was a reactionary, more anticommunist than antifascist, and closer to the neo-royalist ideology of the *Action française* than to the parliamentary traditions of the Republic. The 'Nous, Philippe Pétain, Maréchal de France' with which he began his announcement appealed to atavistic instincts in the population: to a sentimental patriotism, to a desire to return to simpler times, to a wish to see the wise old father-figure assume responsibility for clearing up the mess. Only slowly would it become obvious to the majority of mainland French people that the so-called wisdom was made up of nothing more than the illusions of a stubborn and blinkered old man.

The written version of Pétain's appeal – reproduced here – appeared a few days later. It is illuminating to compare it with the now more famous appeal made from London by General de Gaulle on 18 June (see below, p. 24). The paternalistic, breast-beating tone of the Pétain text is obvious, but perhaps even more significant is the image of France that can be read between the lines: a people that is not only beaten, but that *deserved* to be beaten; a nation whose sense of identity is expressed only in terms of its weaknesses and limitations. This in-turned attitude, with its distrust and fear of the outside world (including the Allies, and even France's own colonies, which Pétain does not mention), is one of the devastating legacies of the trauma of the First World War, and the hero of Verdun is, ironically, its most eloquent voice.

The armistice came into effect on 22 June. There had been salt-in-the-wounds bitterness in the Germans' choice of the place of the signing on 22 June: the same railway carriage in the tiny commune of Rethondes (near Compiègne, 80 km north of Paris) where on 11 November 1918, the Germans had had to acknowledge defeat in the First World War.

Appel aux Français: Maréchal Pétain

Français! J'ai demandé à nos adversaires de mettre fin aux hostilités. Le gouvernement a désigné mercredi les plénipotentiaires chargés de recueillir leurs conditions.

J'ai pris cette décision, dure au coeur d'un soldat, parce que la situation militaire l'imposait. Nous espérions résister sur la ligne de la Somme et de l'Aisne. Le général Weygand avait regroupé nos forces. Son nom seul présageait la victoire. Pourtant la ligne a cédé et la pression ennemie a contraint nos forces à la retraite.

Dès le 13 juin, la demande d'armistice était inévitable. Cet échec vous a surpris. Vous souvenant de 1914 et de 1918, vous en cherchez les raisons. Je vais vous les dire.

Le 1er mai 1917, nous avions encore 3,280,000 hommes aux armées, malgré trois ans de combats meurtriers. A la veille de la bataille actuelle, nous en avions 500,000 de moins. En mai 1918, nous avions 85 divisions britanniques: en mai 1940, il n'y en avait que 10. En 1918, nous avions avec nous les 58 divisions italiennes et les 42 divisions américaines.

L'infériorité de notre matériel a été plus grande encore que celle de nos effectifs. L'aviation française a livré à un contre six ses combats. Moins forts qu'il y a vingt-deux ans, nous avions aussi moins d'amis. Trop peu d'enfants,[11] trop peu d'armes, trop peu d'alliés: voilà les causes de notre défaite.

Le peuple français ne conteste pas ses échecs. Tous les peuples ont connu tour à tour des succès et des revers. C'est par la manière dont ils réagissent qu'ils se montrent faibles ou grands.

Nous tirerons la leçon des batailles perdues. Depuis la victoire, l'esprit de jouissance l'a emporté sur l'esprit de sacrifice. On a revendiqué

plus qu'on a servi. On a voulu épargner l'effort: on
rencontre aujourd'hui le malheur. J'ai été avec vous
dans les jours glorieux. Chef du gouvernement, je
suis et resterai avec vous dans les jours sombres.
Soyez à mes côtés. Le combat reste le même. Il s'agit
de la France, de son sol, de ses fils.

(droits réservés)

DE GAULLE'S REBELLION

Reynaud had made Charles de Gaulle (born 1890)
under-secretary of National Defence on 6 June, at
the time of the second major German offensive.
Throughout the between-the-wars period, both in his
role as an active career officer, and as a political and
military strategist (*Le Fil de l'épée*, 1932; *Vers
l'Armée de métier*, 1934), de Gaulle had been something of a Young Turk, championing the development of mobile and rapid armoured forces, and
(although he was less prophetic in this respect) of
a modernized airforce. In respect to the identity of
France, he was always a visionary, profoundly influenced by the notions of national destiny he had found
as a young man in his readings of the works of Barrès
and Péguy, writers of quite opposed political persua-
sions, but who shared an openly mystical sense of
patriotism.

As undaunted by his failure to persuade Reynaud's
cabinet to continue the war from the colonies as he
had been by his lack of success in imposing his
military strategy on the chiefs of staff in the 1930s,
de Gaulle flew to London on 17 June on a 'liaison'
mission that would prove to be heavy with historical
consequences. Although he had fought under Pétain
in 1915, and worked under him in the War Ministry
in 1925 – or perhaps because of these experiences
– his scorn for the leadership caste was unmitigated,
and his belief in France's grandeur unflagging.

Behind the rhetorical devices of the 18 June speech
– a rhetoric which would come to dominate the
French political scene for the next thirty years, even
when de Gaulle was not in power – the message is
clear: France's survival depends on its not resign-
ing itself to defeat and on maintaining its links with
the forces of freedom. In this challenge are the seeds

of organized resistance in France, and of the forma-
tion of the Free French forces that would fight beside
the Allies throughout the war. But it also marks the
beginning of the Franco-French conflict that would
gain in intensity as the war progressed – a sort of
unspoken but merciless civil war within the wider
war, and whose long-term effects are still being felt
today. De Gaulle's call to France is no mere appeal
to the French to believe in his own faith in the future:
it is also a bold play for political power and the foun-
dation of his own myth of history – of which we shall
be seeing more later.

Appel du Général de Gaulle à la radio de Londres le 18 Juin 1940

Français, Françaises!
Les chefs qui, depuis de nombreuses années, sont
à la tête des armées françaises, ont formé un
gouvernement.

Ce gouvernement, alléguant la défaite de nos
armées, s'est mis en rapport avec l'ennemi pour
cesser le combat.

Certes, nous avons été, nous sommes, submergés
par la force mécanique, terrestre et aérienne, de
l'ennemi.

Infiniment plus que leur nombre, ce sont les chars,
les avions, la tactique des Allemands qui nous font
reculer. Ce sont les chars, les avions, la tactique des
Allemands qui ont surpris nos chefs au point de les
amener là où ils en sont aujourd'hui.

Mais le dernier mot est-il dit? L'espérance doit-
elle disparaître? La défaite est-elle définitive? Non!

Croyez-moi, moi qui vous parle en connaissance
de cause et vous dis que rien n'est perdu pour la
France. Les mêmes moyens qui nous ont vaincus
peuvent faire venir un jour la victoire.

Car la France n'est pas seule! Elle n'est pas seule!
Elle n'est pas seule! Elle a un vaste Empire derrière
elle. Elle peut faire bloc avec l'Empire britannique
qui tient la mer et qui continue la lutte. Elle peut,
comme l'Angleterre, utiliser sans limites l'immense
industrie des Etats-Unis.

Cette guerre n'est pas limitée au territoire
malheureux de notre pays. Cette guerre n'est pas
tranchée par la bataille de France. Cette guerre est

24

A TOUS LES FRANÇAIS

La France a perdu une bataille!
Mais la France n'a pas perdu la guerre!

Des gouvernants de rencontre ont pu capituler, cédant à la panique, oubliant l'honneur, livrant le pays à la servitude. Cependant, rien n'est perdu!

Rien n'est perdu, parce que cette guerre est une guerre mondiale. Dans l'univers libre, des forces immenses n'ont pas encore donné. Un jour, ces forces écraseront l'ennemi. Il faut que la France, ce jour-la, soit présente à la victoire. Alors, elle retrouvera sa liberté et sa grandeur. Tel est mon but, mon seul but!

Voila pourquoi je convie tous les Francais, où qu'ils se trouvent, à s'unir à moi dans l'action, dans le sacrifice et dans l'espérance.

Notre patrie est en peril de mort.
Luttons tous pour la sauver!

VIVE LA FRANCE !

TO ALL FRENCHMEN..

France has lost a battle!
But France has not lost the war!

C. de Gaulle.

GÉNÉRAL DE GAULLE

QUARTIER-GÉNÉRAL,
4, CARLTON GARDENS,
LONDON, S.W.1

Gaullist poster

une guerre mondiale. Toutes les fautes, tous les retards, toutes les souffrances, n'empêchent pas qu'il y a, dans l'univers, tous les moyens nécessaires pour écraser un jour nos ennemis. Foudroyés aujourd'hui par la force mécanique, nous pourrons vaincre dans l'avenir par une force mécanique supérieure. Le destin du monde est là.

Moi, Général de Gaulle, actuellement à Londres, j'invite les officiers et les soldats français qui se trouvent en territoire britannique ou qui viendraient à s'y trouver, avec leurs armes ou sans leurs armes, j'invite les ingénieurs et les ouvriers spécialistes des industries d'armement qui se trouvent en territoire britannique ou qui viendraient à s'y trouver, à se mettre en rapport avec moi.

Quoi qu'il arrive, la flamme de la résistance française ne doit pas s'éteindre et ne s'éteindra pas.

Demain, comme aujourd'hui, je parlerai à la radio de Londres.[12]

THE DEFEAT

With a disaster of this magnitude, it would be misleading to present any particular reaction as 'representative'. What the following text does is show the degree to which people were affected in their ordinary lives, in their habits of action and thought, in their perceptions of themselves and of the world. It is also interesting in that its authors, Benoîte and Flora Groult (born 1921 and 1925 respectively) were both young people in what was an adult-controlled set of circumstances, and both female in what was very much a male-dominated world.

During the war, both sisters kept personal diaries, which they melded together in their *Journal à quatre mains* (Paris, 1962), changing some names of people, and contriving some literary effects to facilitate the dove-tailing, but retaining the essence and spirit of their original texts. (Flora's texts are printed in italics.) Being from a well-to-do, middle-class Paris family, they were somewhat freer in their movements than the majority of the population, and left Paris for their country home in Brittany in May 1940, well in advance of the general exodus. Their observations of the beginning of the German occupation in Concarneau provide images on an accessibly human scale.

In one way, it is possible to see the Groult sisters' experience as absolutely typical – in their feeling of having been suspended in a void. After the shock of military defeat, after the confusions of political and military disarray, after the hesitations about whether to stay or leave, despite de Gaulle's appeal, and the flight of some army units to North Africa at the time of the armistice, almost all of France's forty million people were still in the 'Hexagone'. For them, the effect of the armistice was to snap many of the inner links which had given them the sense of belonging to a community, and many of the links with the outside world that enabled them to maintain a reassuring sense of identity. A door had been closed, substantially if not absolutely isolating France from the rest of the world, creating a sort of vacuum – an environment in which there could be no certainty, and which would become the breeding-ground of strange distortions of perception and behaviour.

La défaite

Mercredi 19 juin 40

Eh bien, *ils* ne sont toujours pas là. Hier soir, les gendarmes annonçaient leur arrivée pour la nuit. Ils seraient encore à Quimper ce matin. A trente et un kilomètres. Quelle est la vitesse de croisière d'une armée victorieuse?

Des troupes dépenaillées et dépareillées s'embarquent nuit et jour sur des chalutiers ou des thoniers. Gérald et quelques jeunes gens devaient partir pour l'Angleterre à quatre heures du matin et puis au dernier moment, des soldats ont pris leur place. Ils ont passé la nuit sur le quai, cherchant un embarquement dans la pagaille. Les deux fils Cauly ont pu embarquer avec un groupe de chasseurs alpins revenant de Norvège par Concarneau! La géographie est elle aussi en folie. Ils voulaient gagner l'Angleterre où quelques Français vont tenter de continuer le combat, paraît-il. Toute la journée des soldats sans chef ont jeté leurs armes dans la mer et brûlé leurs camions avant de s'embarquer.

Ce matin, j'ai trouvé, devant la porte de Ker Moor, Albert Sergent avec quatorze hommes dont il ne savait que faire. Il arrivait de Coëtquidan, désemparé au point de venir sonner chez nous; mais nous n'avions pas de général à lui donner. A Coëtquidan, quarante camions sur cinquante avaient été incendiés par la 5e colonne et toutes les armes emportées par les Polonais. Pourquoi les Polonais? Il n'a pas eu le temps de me l'expliquer. Albert a fini par trouver un bateau pour le Maroc et il était en train de monter à bord quand il a reçu l'ordre de rejoindre son corps à Quimper avec tous ses hommes. «Tous ses hommes» se sont assis sur la plage devant nous en attendant des précisions sur l'armistice et ont refusé de suivre le pauvre Albert qui est parti tout seul.

Un vent terrible vient de se lever. Du suroit. Ils arriveront vent debout.

Les Guntmann sont partis cette nuit vers le sud. Antiope qui croit être à l'abri parce qu'elle s'appelle Aymon, mais qui a un visage plus parlant qu'un passeport, reste seule ici, seule avec ses deux bébés, pour que son mari puisse la retrouver. Sa mère et sa sœur ont été évacuées en camion et remplacées dans la villa par une réfugiée du Nord, femme de colonel dans le civil et belle salope dans le privé. Elle est antisémite et ne tolère la présence d'une juive dans sa maison qu'en la couvrant d'avanies et en l'utilisant comme bonne. C'est bon d'avoir son petit lampiste à domicile quand on est la femme d'un colonel vaincu!

Nous avons failli nous embarquer tout à l'heure sur le thonier que devait nous fournir l'oncle Denais. Nous deux, les Blanchet qui viennent d'arriver de Paris, papa, maman, oncles, tantes et cousins. Mme Blanchet, à peine descendue de voiture était sur le quai en chapeau à voilette et talons hauts, prête à monter à bord. Au dernier moment, hélas! le thonier a été réquisitionné.

Où serons-nous demain? Et qui serons-nous?

Jeudi 20 juin 40, 2 heures un quart

Ils sont là. Une centaine, paraît-il. Papa vient d'aller voir sur le port leurs dix voitures alignées. Nous, on nous cloître. Je ne nous trouve pas assez révoltées. Nous devrions marcher sur eux et les tuer; et nous restons là. On accusait la Pologne de non-résistance: cette nation, toujours provisoire et déconstruite, a tenu un mois et demi; et la France, nation indomptable, du moins à la T.S.F.,[13] a tenu moins d'un mois. Ah! nous méritons la honte. Honte à nous tous!

Ah! les vaches, les dégonflards. Où sont les Daladier[14] et les Reynaud pendant que nous brûlons nos canons? Vive tout de même la Grande France! Vivent les hommes héroïques. Vive le courage.

Vendredi 21 juin 40

On a entendu pétarader leurs engins toute la matinée, comme un glas. Il fait un temps émouvant. La mariée est belle, vous ne trouvez pas, messieurs les soudards?

Maman a passé la matinée à la fenêtre qui donne sur la mer:

– Viens les voir, André! Ils sont étonnants de discipline.

– Je ne veux pas en voir un seul, répond papa. Je n'ai pas signé l'armistice, moi!

En attendant, la France est morte et tout le monde tape dessus.

–Pensez donc, clame tante Jules, que le 10 juin l'amiral Darlan[15] déjeunait au Chapon Fin, porte Maillot,[16] avec deux ou trois chefs d'état-major, et je vous assure qu'ils n'ont pas boudé la nourriture!

Voulait-elle qu'il fût resté, depuis le 3 septembre, le doigt sur la carte, le sourcil froncé, sans boire ni manger? Et nous? Nous n'avons pas mangé, le 10 juin?

Les nuits sont interminables. Tout le monde doit être rentré à neuf heures. Les longues soirées de ce mois de juin, ils nous les volent déjà. Papa prévoit un gouvernement français dans les départements d'Algérie et une occupation allemande d'un an au moins avec réorganisation de l'économie. Nous allons rentrer à Paris. Pas de vacances; pas d'argent; pas d'examen de licence. «Oisive jeunesse à tout asservie...»

Voilà une avant-guerre finie. J'aurai été jeune «avant guerre». Je serai de celles qui auront commencé à vivre avant. Ça fout un coup de vieux. A trois ans près, Flora change de génération, de catégorie et me voilà vieillie d'office, sans avoir rien fait. Merdre, Mère Ubu.[17]

21 juin 40

J'ai été en ville; je les ai vus, sur des voitures grisaille, camouflées à l'aide de branches, raides, rouges, immobiles, tout à fait des hommes normaux. Beaux pour la plupart, avec des nuques droites et des équipements tous pareils, ce qui surprend. Ils n'avaient pas l'œil arrogant du vainqueur, ils étaient impassibles, à accomplir leur mission.

Des jeunes filles de Concarneau montaient sur les marchepieds et souriaient à nos ennemis comme s'ils venaient d'un pays allié; elles regardaient en se haussant sur la pointe des pieds l'intérieur des voitures, du regard qu'elles ont pour les roulottes du cirque Pinder. Honteuse impudeur de ces grues. Elles leur offraient des oranges et moi j'aurais voulu les larder à coup de fourchette, ces ignobles chiennes en chaleur. Comment ne pas avoir plus de patriotisme? France adorée, tu es trahie.

Il y avait dans les camions douze copies conformes de Jean-Loup. La première fois, on a dit: «Tiens, Jean-Loup a trahi!» puis on a compris.

Samedi 22 juin 40

Oh! j'ai honte, j'ai honte d'avoir perdu; j'aurais tant aimé que ma France gagne!

Maman m'a dit aujourd'hui que j'étais mesquine. Oui, affreusement; et puis surtout, je n'ai pas de volonté. C'est difficile de remédier au manque de volonté. Car avoir la volonté d'avoir de la volonté, c'est déjà de la volonté. Et quand on n'en a pas!...

Dimanche 23 juin 40

L'armistice a été signé hier soir. L'affaire est dans le sac, la France est vendue, mais c'est nous qui allons payer. Si l'on en croit la radio anglaise, les conditions sont inacceptables. Un nommé Degaule[18] qui a prononcé de Londres un discours exaltant, paraît-il, vient d'être destitué et Pétain accepte de terminer sa carrière sur cette page de honte. Je me sens plus française que jamais. Mais je rougis quand j'entends des femmes parler de la lâcheté des soldats français. Se sont-elles jamais trouvées avec un tank aux jupes?

J'ai de moins en moins envie de quitter la France. Comment se relèvera-t-elle si l'élite fout le camp?

Sur la place de la mairie, le garde champêtre de Concarneau a tambouriné un *aviss*, devant l'immeuble où réside l'Orts-Kommandantur.

«C'est très sérieux», déclare-t-il en clignant de l'œil vers nous. Puis il ânonne péniblement: «Les piétons devront marcher sur les trottoirs et ne devront traverser les rues que perpi... perp... perpdiculairement. Interdiction de stationner, interdiction de se rassembler.»

Les bretons rigolaient ouvertement sous l'œil stupéfait de quelques officiers allemands, habitués au respect absolu des règlements.

«Ça vous faire rire, hein? conclut le garde champêtre. Et, en même temps, on a envie de pleurer», a-t-il ajouté d'une voix chevrotante.

C'était une scène de *L'Auberge du Cheval Blanc*, avec ce garde champêtre caricatural et ces officiers verts aux fenêtres, mais le cheval blanc est mort et la pièce s'appellerait plutôt *L'Auberge des Adrets*.[19]

Toujours pas de courrier. Aucune nouvelle de qui que ce soit. La France continue à être suspendue dans le vide.

Source: Benoîte et Flora Groult, *Journal à quatre mains*, Paris, 1962, pp. 52–9, © Editions Denoël

3

Occupation I: disillusionment and illusions

By the time Pétain signed the armistice at Rethondes, France was already largely occupied by a German army that had advanced at tremendous speed behind the fleeing French. Under the terms of the agreement, France was divided into four parts (see map 2). Alsace-Lorraine, the eastern province which the French had won back from Germany in 1918, was again annexed to the Reich. A good-sized wedge of the northern area was attached directly to the German military command in Brussels. The rest was roughly divided into two, with the Germans occupying Paris and the whole Atlantic coast, while the southern 'Free Zone' opened on to the Mediterranean, giving the Vichy government some access to the French Empire. Until November 1942, when the Germans, after the allied invasion of North Africa, occupied the rest of the country, at least part of the French population was not subject to the physical presence of the Germans, though even they could not escape all the consequences of the defeat.

PRISONERS

In the confusion of the 'débâcle', some French soldiers simply abandoned their uniforms and their arms and found their way back home, or else went into hiding. The vast majority, however, were captured, almost two million of them, and herded into makeshift camps. Expecting to be liberated with the armistice, they were in fact, with few exceptions, transported to Germany, where they would work in factories or on farms, mostly for the whole duration of the war, unwilling collaborators in Hitler's plans to conquer Europe. They would also remain a significant element in Germany's ability to bend the Vichy government to its will: promises to release prisoners, or alternatively, threats to keep them, were equally successful aspects of the ongoing blackmail.

Some were clever or lucky enough to escape or to be released, and one of these was André Malraux. After a frustrating combat period in a tank corps that was not used in battle, Malraux had been captured and interned in a camp at Sens. Following his escape, he lived in the Free Zone, where he wrote an account of his experiences, before eventually taking up an active role in the Resistance in 1943. The opening of *Les Noyers de l'Altenburg*[1] is set at Chartres, in a prisoner-of-war camp at the cathedral, on the day before the signing of the armistice. Through his narrator, Berger (the name Malraux would later adopt as his Resistance code-name), the novelist portrays a deprived and hungry rabble of soldiers, confused, and robbed of any form of independence. Cut off from the world by barbed-wire barriers, they are denied any substantial communication with the outside. With little provocation – a cigarette, a piece of bread – they are ready to turn on one another.

The text can be interpreted on various levels. Contained in the earthy images of the daily drama of prisoners waiting to see if some kind woman will bring bread is a symbol of the France that was divided between those who were completely under the German heel, in the occupied zone, and those who had a certain freedom of movement. And on

29

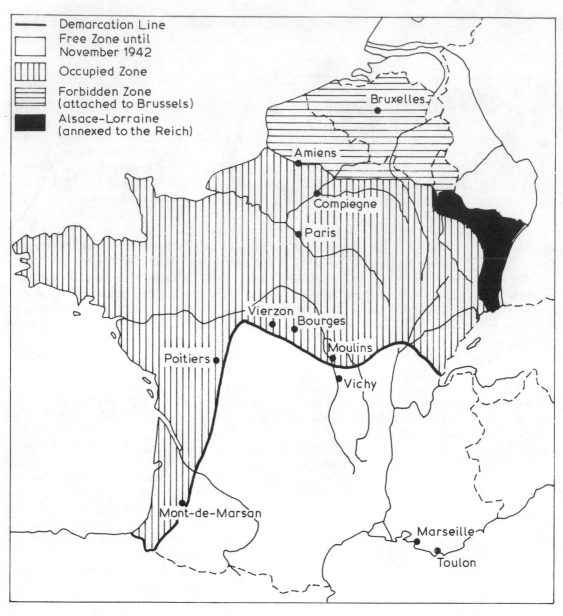

Map 2 Occupied France

another level still, the prison camp is also a portrayal of France as a whole, isolated in its defeat from the rest of the world. Malraux captures here the atmosphere of hopeless, helpless waiting that over the next four years would become a national phenomenon.

«'Un lambeau de pain»

Un des gestes les plus répandus dans le camp, c'est celui du prisonnier qui gratte le fond d'une poche et porte la main à sa bouche: il a retrouvé une miette. La plupart des prisonniers n'ont rien mangé depuis cinq jours que d'infimes épaves...

30

Quand mon compagnon des chars et moi quittons notre abri, nous trouvons plus de mille prisonniers réunis par files, à trois mètres en arrière des barbelés. Il est dix heures. Sur la route nationale, les autos et les grandes charrettes paysannes maintenant montent lentement vers Paris: le premier reflux de l'exode.[2] Et des cyclistes chargés, exténués, que bousculent les autos militaires allemandes à toute vitesse... Pas un piéton: personne ne vit encore,[3] – on passe...

Les occupants des charrettes et des autos s'efforcent de ne pas regarder les prisonniers (combien en ont-ils déjà vus?) ou font de la main un bonjour clandestin, presque honteux. Ceux-ci, couchés, répondent d'un geste ralenti. Une sentinelle allemande passe, rarement: ce côté du camp a plus de trois cents mètres. Parfois un cycliste lance une cigarette: aussitôt un pugilat commence. La sentinelle revient dans le soleil et le grand vent, d'autres camions allemands s'arrêtent au poste d'essence, et les prisonniers se recouchent.

Tout à coup, d'un bout à l'autre du camp, avec le glissement précipité des chats vers le mou, tous vont s'agglutiner contre les piquants de fer: ceux de l'extrémité ont vu sur la route une femme – à pied – qui porte un sac.

Certaines sentinelles chassent les passants, car nul n'a le droit de stationner devant les barbelés; d'autres font semblant de ne pas les voir. Les guetteurs de pain déjà les connaissent toutes: celle-ci laissera faire.[4] La femme approche; dépassée de temps à autre par une charrette morne ou par une auto blindée, elle avance très lentement au milieu de la chaussée pour que la sentinelle passe. C'est fait. Si les guetteurs de pain savent que cette sentinelle-là ne se retournera pas, la femme l'ignore, et avance vers eux en ne quittant pas l'Allemand d'un regard traqué. Ils attendent, avec le piétinement, les changements de place énervés de tous les affamés en cage. Son sac est ouvert, sa main droite y plonge. «Allez-y!» «Vas-y, quoi!» crient les prisonniers avec un accent affreux, – comme s'ils essayaient de crier à voix basse. Elle les regarde, continue d'avancer: le tankeur et moi, à quinze mètres en arrière de la clôture, les voyons de dos, mais je sais comment le pugilat prochain se

marque sur les visages...

Elle passe.

Devant quatre ou cinq grappes d'hommes au moins. Elle n'ose même pas tirer le pain du sac. [...]

Enfin, – lassitude, angoisse, peur du retour de la sentinelle, – elle avance avec effort vers les barbelés, tire du sac de moleskine une couronne de pain sur quoi le soleil étincelle:

«Partagez!» implore-t-elle précipitamment.

Tant de mains se lancent, et sans doute avec une telle expression, qu'elle recule, et la couronne tombe hors des barbelés. Dans le grondement des prisonniers, il n'y a pas une parole. Elle ramasse le pain, le jette enfin, et s'enfuit sans regarder les hommes qui se relèvent, ensanglantés par les crochets de fer, et s'enfuient, eux aussi, un lambeau de pain à la main. [...]

Nous allons dormir quelques heures dans nos tanières[5] (le froid, la nuit, chasse le sommeil), revenons. Les barbelés nous fascinent, nous aussi: au-delà, c'est le pays où l'on est vivant. La route est vide. Les prisonniers, devant elle, sont toujours aussi nombreux. Pourtant, personne ne viendra avant plusieurs heures: il est midi, l'heure où ceux qui sont libres mangent. Il n'y a presque plus d'autos militaires, et même le reflux de l'exode va s'arrêter. Dans ces villes saccagées, comment font-ils, tous, pour trouver à manger? Les prisonniers ne guettent même plus, et rêvent.

De longues minutes,[6] sur la route vide dans le soleil d'été, le grand vent chasse des papiers, des feuilles...

Source: André Malraux, *Les Noyers de l'Altenburg*, Paris, ed. Lidis, 1962, pp. 14–16

A HUMILIATED PEOPLE

For the majority of the French population, the first response to the country's defeat and occupation was bewilderment and humiliation. As the Germans began to impose their own order, it became obvious that under the terms of the armistice, people in the Occupied Zone would have little control over their own lives, and little in the way of freedom of movement or of speech. The economic costs of the Occupation, which would escalate to well over half of the national income, led to serious deprivations: shortages of fuel for heating and motor vehicles, shortages of food, shortages of paper. In Paris, during the early stages of the Occupation, the German army had the reputation of being disciplined and well-behaved, but the ubiquitous presence of the grey-green uniforms, and the sight of the red flags with their black swastikas flying from French buildings, or of German signposts in French streets, or French clocks set to Berlin time were cause for depression.

The army was not the only side of the German presence. A whole 'diplomatic' administrative apparatus was quickly put into place, with ambassador, and offices for propaganda, censorship, economic and demographic management, etc. And more sinister than either the German army or civilian administration, the Gestapo and other Nazi secret police and security organizations established wide networks.

Jean Guéhenno (1890-1978), essayist, teacher, and First World War veteran, kept during these troubled times a diary that is now valued as an accurate reflection of daily life under the Occupation, and of the frustrated anguish of a conquered people. The two following extracts from his *Journal des années noires* (Paris, 1947) show the sadness of Paris during the first autumn of the Occupation, and the transformation of the population into a dispirited herd, tormented by physical deprivations and regimented by soul-destroying constraints. Guéhenno would later become active as a clandestine Resistance writer, though he remained in France throughout the war.

1940

16 septembre

Je sentais que quelque chose était changé dans la maison. Mais je cherchais vainement quoi. Et puis hier, tandis que nous nous promenions au Bois de Boulogne, Emilie m'a dit que tous les oiseaux étaient morts. C'était cela. Il paraît que tous les oiseaux sont morts à Paris, quand, à l'approche des Allemands, on a mis le feu aux réservoirs de mazout et d'essence. La fumée noire, en se répandant sur la ville et les jardins a tout empoisonné. Ce qui est sûr c'est que rien ne bouge ni ne change plus dans les arbres derrière la maison, et c'est en vain qu'Emilie après le repas lance des miettes de pain par la fenêtre et appelle. Les oiseaux sont partis ou morts, et cela ajoute à notre tristesse.

Pauvre Paris. Ces queues à la porte des boutiques. Et ce grand silence des rues. [...] Je décide de m'enfermer dans ma maison et de sortir le moins possible.

19 septembre

Je fais vainement les plus grands efforts pour travailler. Tous mes projets me semblent ridicules. A quoi bon. Je passe des heures la tête dans mes mains, dans une étrange prostration, celle du pays lui-même peut-être. Quoi? Ce sont pourtant les mêmes hommes dans les mêmes peaux qu'il y a un an, deux ans. Mais non, quelque chose est brisé. Ce peuple ne pense, ne sent, ne veut plus rien. Quinze jours suffirent pour faire de lui un troupeau. Hier j'ai fait la queue cinq heures durant, à la mairie, pour avoir nos cartes d'alimentation.[7] J'écoutais les gens. Mais les gens ont la tête aussi vide que le ventre. La confusion des esprits est effroyable. La foule est sans espérance, résignée. On voudrait espérer la victoire anglaise. Mais certains, parmi les démobilisés, sentent que cette victoire ajouterait à leur honte. Ils sont intéressés d'amour-propre à ce que les Anglais soient vaincus comme eux-mêmes l'ont été. On ne parle pas des Allemands. Mais il est clair que chacun ne cesse de penser qu'ils sont là et se tait. La grande affaire, c'est de ne pas mourir de faim cet hiver. Et chacun attend, comme une bête,[8] son tour de passer au bureau distributeur, à la mangeoire. Sur la chaussée passe parfois un soldat gris-vert fringant et bien nourri. Il représente l'ordre et il a tous les moyens de maintenir dans la docilité toute cette misère.[9] Que faire? Ce pays a perdu son âme. Quel événement, quelle nouvelle épreuve pourrait la lui rendre? La souffrance n'y suffira pas, il faudrait qu'il fasse quelque chose, se trouve engagé dans quelque action où il retrouve sa fierté. On ne peut rien bâtir sur la honte.

J'ai dû signer aujourd'hui un papier par lequel je déclare «solennellement et sur l'honneur» que je n'ai jamais été franc-maçon,[10] que je n'ai jamais appartenu à aucune société secrète. Ah! La bêtise.

Source: Jean Guéhenno, *Journal des années noires*, coll. Folio, pp. 44–5, © Editions Gallimard

VICHY AND PARIS

The spa town of Vichy, reasonably central and with plenty of accommodation space in its sprawl of hotels, was chosen initially as a temporary seat for the Pétain government, which had originally intended to return to Paris. In fact, it suited the Germans for it to stay on. Descriptions of life in Vichy[11] during the early months of the regime suggest the coexistence of a considerable range of political opinions, from anglophile gaullists to fascists. For the latter, the only political figure in Vichy who corresponded to their ambitions was Pierre Laval (1883–1945), one of the most durable and powerful of the Third Republic politicians, but whose whole-hearted commitment to collaboration with Germany would, after the liberation, lead to his trial and execution. Laval, a coarse-mannered wheeler-dealer, could not have been further removed from the starchy refinement of the old Marshal, and indeed Pétain did try in various ways to get rid of Laval,[12] and when that failed, to distance himself from him. As distinct from Pétain, who was respected to the point of idolatry by the majority of the population, Laval was regarded with suspicion. None the less, he had strong German support, and it was his policies that would eventually prevail.

As Head of State, however, Pétain was far from being a mere figure-head, and despite his power struggles with Laval, he too was interested in developing a policy of collaboration with the Germans. After his meeting with Hitler in Montoire in October 1940, he announced to the nation his intention of entering 'la voie de la collaboration', though at the same time he seems to have hoped to save France from some of the more trying aspects of the Occupation.

It was this collaborationist stance which won the approval of Jacques Doriot (1898–1945), the ex-communist founder of the fascist Parti Populaire Français, who would in July 1941 engineer the constituting of the *Ligue des Volontaires français contre le bolchevisme* (LVF), grouping some thousands of French volunteers who proved willing to don German uniforms and fight against Russia. Doriot had his own political ambitions, but he believed that they could best be achieved by exploiting the broad popular support for Pétain. Later, sharp discrepancies would develop between the collaborationists of the Paris intelligentsia and Vichy, but in early 1941 Doriot published a collection of articles under the unambiguous title: *Je suis un homme du Maréchal*. The following extract shows clearly the desire to create a new Europe, based on a Franco-German alliance, and on the rejection of the earlier alliance with Britain.

Armistice et collaboration

7 janvier 1941

Dès qu'on parle de la collaboration entre la France vaincue et l'Allemagne victorieuse, les tenants malintentionnés du gaullisme protestent avec énergie contre cette éventualité.

D'autres s'étonnent qu'on puisse parler de collaboration lorsque le pays est aux trois-cinquièmes occupé.

Et comme l'occupation d'un territoire comporte des difficultés évidentes, on s'en sert pour combattre une politique constructive.

Les Français oublient simplement que nous venons d'être vaincus.

Le 25 juin, nous avons obtenu l'armistice. Il comporte, comme tous les armistices, des clauses dures pour le vaincu. L'étude comparée des conditions d'armistice imposées à l'Allemagne en 1918 avec celles qui nous furent imposées en 1940 montre que ce dernier n'est pas plus dur que l'autre.[13]

Les clauses de l'armistice ne sont que la conséquence de la guerre et de la défaite.

Or, toute la question est de savoir si leur
existence et leur application doivent nous empêcher
de penser à l'avenir du Pays et à la reconstruction
de l'Europe.

Lorsque le Maréchal alla à Montoire rencontrer
le chancelier Hitler, il a parfaitement précisé que
cette entrevue n'entraînait pas la fin de leur application.

«La France, a-t-il dit dans son allocution
radiodiffusée, est tenue par des obligations
nombreuses vis-à-vis du vainqueur.»

Jamais il n'a été entendu que ces obligations
cesseraient du fait de l'entrevue.

C'est dans le cadre des conventions d'armistice
que des conversations ont été engagées.

Ceux qui l'oublient se méprennent singulière-
ment sur notre situation réelle.

La France vaincue ne se relèvera que par un long
et héroïque effort personnel.

L'entrevue de Montoire ne pouvait changer
magiquement les conditions actuelles de la France.

La France souveraine, selon l'expression du
Maréchal, devait éteindre les divergences
d'opinions à propos du conflit international. En
d'autres termes, elle s'engageait à lutter contre la
propagande gaulliste qui veut détruire dans le
germe les possibilités morales de rapprochement.

Elle devait passer à l'action contre ceux qui, à
l'instigation de l'Angleterre, veulent démembre
notre Empire colonial. La reconquête des parties
gaullisées de notre Empire devait attester notre
rupture avec la politique anglo-saxonne.

Cette action, commencée à Mers-el-Kébir[14] et
continuée à Dakar,[15] marquant notre nouvelle
orientation, nous permettait dès maintenant de
prendre place dans le nouvel ordre européen. Le
Maréchal avait parfaitement saisi l'importance de
ce tournant historique.

«C'est pour maintenir l'unité française, une unité
de dix siècles, dans le cadre d'une nouvelle activité
constructive du nouvel ordre européen, que j'entre
aujourd'hui dans la voie de la collaboration»,
disait-il encore dans son commentaire.

L'adhésion à cette politique ne comportait que
certains changements partiels à notre condition de
vaincu.[16] Elle ne la changeait pas complètement.

Voilà ce que ne veulent pas comprendre les
adversaires de la collaboration.

Liée longtemps au sort des démocraties anglo-
saxonnes, la France a trop tendance à ne pas
comprendre leur déclin et leur impuissance en face
du monde nouveau qui a surgi.

Beaucoup de Français regardent vers le passé au
lieu de se tourner résolument vers l'avenir.

Les difficultés actuelles viennent en grande partie
de là.

C'est parce que nous avons conscience de la
gravité de la partie qui se joue que nous estimons
que la nouvelle orientation ne peut être dirigée que
par le maréchal Pétain.

Croire qu'on peut faire cette politique sans lui ou
contre lui, c'est de la folie furieuse.

Pour qu'un peuple s'engage dans une voie
nouvelle, surtout quand elle est difficile, il faut
qu'il ait foi dans le chef qui le guide.

Or, le Maréchal peut suivre cette route parce
qu'il est incontesté.

Ceux qui pensent comme lui qu'elle est la seule
possible pour la France doivent le soutenir et non
le combattre, l'épauler et non miner son autorité.

Cette politique, pour être fructueuse, doit être
suivie par la France et son Empire.

Or, dans notre situation complexe, nous ne
voyons que lui pour maintenir notre unité.

Les Français qui veulent l'établissement de
l'ordre européen doivent s'en rendre compte plus
que les autres.

Et éviter par ambition ou par bêtise des actes qui
ruineront leur politique et leur pays.

Source: Jacques Doriot, *Je suis un homme du
Maréchal*, Paris, 1941, pp. 121–4, © Editions
Bernard Grasset

GLITTER AND BLACK MARKET

By no means all French people shared in the
gloomy shame of a Guéhenno, or spent their time
like the Vichy politicians, manoeuvring for power

or prestige. In Paris, soon after the armistice, most of the city's cinemas, theatres, night-clubs and music-halls had re-opened, and although curfews and petrol rationing made it awkward to get about, the entertainment business thrived. For people with money, the general shortages of food, fuel and clothing were readily overcome through access to the black market.

The black market was both officially discouraged and highly organized. Under the watchful eye of Germany's purchasing agent in France, Hermann Brandl, the most diverse and bizarre deals occurred, from the trading of shares on the stock market right down to illegal trafficking of goods and services by small-time individual profiteers. This was a seamy and often dangerous world, frequented by gangsters and Gestapo agents, but it was also part of the way in which ordinary people made ends meet, what was known as the 'Système D'–'D' standing for 'débrouiller', 'to manage'.

Maurice Sachs, whom we last saw in Bordeaux at the time of the June 1940 exodus, returned to Paris in January 1941, and in the following extract from his memoirs, describes the mentality he found, and the niche he created for himself in the 'Marché noir'. The acid cynicism of his tone reflects the faithless pragmatism of a man who would shortly slip into complete degradation.

Le Marché noir

Je retrouvai un Paris bien différent de celui de juillet. Chacun était revenu, sauf les Israélites contre lesquels les Allemands commençaient à faire sévir notre gouvernement.[17] Les photos de Pétain s'étaient multipliées. La collaboration avec l'Allemagne était généralement acceptée comme une bonne affaire; on croyait encore à une défaite rapide des Anglais et certes les Français n'ont raisonné (si cela peut s'appeler raisonner) depuis 1940 que d'après un intérêt à courte vue. Fin décembre, Hitler, doué au plus haut degré d'un sens dramatique de l'Histoire, avait rendu à la France les cendres du duc de Reichstadt afin qu'on les plaçât aux Invalides, près du corps de l'Empereur son père.[18] Ce geste théâtral [...] n'eut aucun écho dans les esprits gouailleurs de Paris, où les plus collaborateurs restaient un peu narquois.[19] La bourse plutôt que l'âme était en jeu. On dit en ce temps-là:

– Nous avons besoin de charbon, et l'on nous envoie des cendres...! [...]

Le *marché noir* battait son plein. Et qu'allais-je faire sinon du marché noir? Je revis quelques amis. A l'exception des châtelains, des officiers, des prêtres et d'hommes d'étude, de science, de cabinet,[20] qui ne faisait du marché noir?

Au téléphone:

– Allo, chéri, écoute, j'ai trois tonnes de sucre à soixante francs le kilog.

– Et moi cent litres d'huile.

– Allo, mon vieux, j'ai besoin de cinq tonnes de cuivre. Très sérieux, pour les Allemands.

– Tu n'aurais pas besoin de riz?

– Allo, comment allez-vous, cher Monsieur? Connaîtriez-vous des locomotives pour voies étroites et cent kilomètres de rail? Si vous pouvez me les procurer, je vous ferais bénéficier d'un camion de tabac belge.

– Ah! je n'ai pas de cela, mon cher. . . On vient de me proposer du cognac d'origine[21] [...] et des jambons.

– Excusez-moi, je raccroche, je crois que je suis branché sur la table d'écoute.[22] Voyons-nous plutôt ce soir au *Fouquet's*.[23]

Et les conciliabules reprenaient autour des alcools.[24]

– Dix tonnes, cinquante centimes pour vous par kilo.

– Oui, mais s'il faut prendre la marchandise en province?

– N'importe, je dispose de camions allemands.

L'admirable c'était que les plus petites gens, et qui n'avaient jamais manié que deux ou trois mille francs dans leur mois, jonglaient en parole avec les millions. Et ces gros chiffres les endormaient sur des affaires qui ne se pouvaient faire parce que trois, quatre, sept, dix intermédiaires en étaient. [...] Ne réussissaient que les acheteurs assermentés par l'armée d'occupation, les capitalistes qui stockaient trois mois une camelote raréfiée,[25] les courtiers de métier qui avaient la confiance de gros

LE RETOUR DE L'AIGLON

15 Décembre 1840 : Retour des cendres de Sainte-Hélène.
15 Décembre 1940 : Retour des cendres de *L'AIGLON*.

Les siècles passent... La grande pensée de NAPOLEON — *L'EUROPE UNIE* — renaît de la conjonction sacrée de ces cendres.

L'Archiduc blanc repose désormais auprès de son Père, sous le dôme des Invalides, symbole de paix entre la France et l'Allemagne,

POINT DE DÉPART D'UNE EUROPE RÉCONCILIÉE

Chloroformés par des gouvernements judéo-maçonniques au service de l'Angleterre, nous avions oublié jusqu'à la grandeur de notre histoire. Par son geste simple et grandiose, Adolf HITLER nous la rappelle. Il nous prouve ainsi sa disposition d'esprit à notre égard. De Dunkerque à Ajaccio — berceau de l'Empereur — les Français, sensibles aux gestes nobles, se sentent troublés et reconnaissent qu'à cette date historique du 15 décembre 1940, quelque chose de grand s'est accompli.

L'Angleterre pourra ergoter, le fait est là, décisif.

L'heure a sonné, une heure solennelle, grosse de tout l'avenir de la France, de s'arracher aux idées rétrogrades pour s'engager d'un pas résolu, sur les voies de l'avenir qui conduisent à la paix véritable et à

L'EUROPE UNIE.

Pierre COSTANTINI
Chef de la *LIGUE FRANÇAISE.*

Collaborationist propaganda leaflet
Source: National Library, Canberra

fournisseurs ou les industriels qui réservaient au marché noir une partie de leur production. Les autres n'étaient nécessairement que des rêveurs. [...]

Dans le peuple même, plus rapide et pratique que la bourgeoisie, on vendait en petites quantités des nécessités: un gigot, douze oeufs, trois paquets de cigarettes ou quelques pots de confiture, une livre de chocolat, une oie, un poulet. Les mauvais garçons s'étaient spécialisés dans les tickets d'alimentation,[26] car toute la population était soumise à la carte. [...]

Je me voyais trop démuni pour les grandes affaires. [...] Restait l'or, marchandise maniable, désirée, immédiatement échangeable et dont le cours montait régulièrement. J'avais procuré en septembre à la maîtresse de R. deux lourdes chevalières.[27] Je lui demandai de me les prêter moyennant un intérêt calculé au poids. Leur vente me procura un peu de liquidités, que je changeai en dollars or. Je les vendis, j'en rachetai, j'en revendis et tout au jour le jour avec un pourcentage appréciable. Je m'étais logé dans une chambrette à l'hôtel des Saints-Pères, dans la rue du même nom. J'y louai pour recevoir une suite de pièces à hauts plafonds, dont le salon était de belle dimension, et je trafiquai de plus belle. Dès qu'on se met à une affaire, on s'introduit dans ses milieux, si fermés qu'ils paraissent. Je connus bientôt des Suisses, des Belges, des Hollandais fortunés, anciens boursiers pour la plupart, qui trafiquaient en grand et se réunissaient chez *Maxim's*[28] au déjeuner. Le bar alors se peuplait de gros personnages qui, carnet à la main, faisaient l'offre et la demande.

Il fallait, pour travailler convenablement et dépasser les mille francs de bénéfice que je m'assurais par jour, trouver qui me confierait des louis et des dollars en notable quantité, afin que je les pusse porter à mes clients sans en débourser le montant et les régler après vente,[29] puis prendre un appartement meublé de belle apparence, d'autant plus nécessaire que certains fournisseurs d'or se méfiaient d'un hôtel, plus ouvert à la police qu'une demeure privée, et, pour les grosses tractations, aimaient apporter eux-mêmes leur marchandise, attendre dans un salon que le client isolé dans

une autre pièce comptât ses pièces et remît ses billets, que le marchand pouvait alors remporter, son marché réglé en une seule démarche. (Et nombreuse devenait ma clientèle, de médecins, de leurs clients, d'antiquaires autrefois connus, d'anciennes relations bourgeoises, d'Israélites réalisant secrètement des biens, d'industriels dissimulant des bénéfices, de comédiens enrichis par le cinéma.) Enfin, pour les clients qui ne se voulaient pas risquer à recevoir chez eux un inconnu qui eût appris ainsi leur nom et leur adresse, pour des marchands qui craignaient d'être attirés dans un piège avec une quantité d'or sur eux, mon appartement pouvait être un excellent terrain neutre.

Il se trouva, admirablement situé au 15 du quai Conti; les fenêtres de ses deux étages, formant un petit hôtel, ouvraient devant la Seine sur la plus irremplaçable des vues. . .[30]

Source: Maurice Sachs, *La Chasse à courre*, Paris, 1948, pp. 61–8, © Editions Gallimard

GERMANY: THE PROMISED LAND

In the collaborationist view of the world, the New Europe would include an 'independent' France, but under the leadership of the great German Reich. In order to foster this attitude, and in particular to demonstrate to the French population the advantages of working in Germany, the Germans organized tours of their country for numerous groups of artists, writers, intellectuals and scientists – carefully selected for their sympathy to the German cause. Even after the armistice, France and Germany were still of course technically at war, and the Germans cleverly exploited the tours as signs of their good will and peace-loving generosity.

Marc Augier, a journalist with a special interest in the youth hostel movement, was one of 600 French invited to the Leipzig trade fair in the Spring of 1941. Billed as a 'European' fair, it in fact had stands only from those countries already conquered by Germany – and the USSR, which had not yet been invaded. Back in France, Augier published a book, *J'ai vu l'Allemagne* (Paris, Sorlot, 1941) in which he expressed his enthusiasm about what he saw: streets full of people, a plentiful supply of food, good cinema, and a joyful, clean, well-dressed, fun-loving people. Germany, in his view, was the ideal leader of the new 'United States of Europe':

> Aujourd'hui, ni l'Angleterre, ni l'Amérique ne sont en mesure de manier l'arme idéologique de l'espoir. C'est, au contraire, l'Allemagne qui apporte au monde la révolution sociale et le mythe[31] de l'Europe nouvelle. Ce n'est pas l'Angleterre, mais l'Allemagne, qui parle des Etats-Unis d'Europe. Aucune aviation, aucune marine, aucun blocus,[32] ne peuvent exercer autant de ravages chez l'adversaire que l'espoir dans les 'Etats-unis d'Europe'. Sans doute, dans ses plus récents discours, le chef de l'Angleterre cherche-t-il à créer, lui aussi, un mythe européen. Il vient un peu tard. La décision interviendra avant qu'il ait eu le temps de donner un visage à ses paroles d'espoir. (p. 77)

It was a well-organised society, busy and efficient: there was an impressive rebuilding programme, with little evidence of lasting damage from the RAF bombing. The French prisoners-of-war whom he met were content with their lot: so well-treated and well-paid, in fact, that they had no desire to return to France.

> La présence d'ouvriers français dans les usines d'Allemagne signifie tout autre chose qu'un simple rapport de main d'oeuvre à l'usine de guerre du Reich. C'est la mise au soleil, en pleine lutte, du 'mythe européen'. L'Allemagne a, cette fois, compris que la conquête sentimentale de la France était à entreprendre par la base et non par les élites, ou par les couches sociales considérées comme telles. Donner du pain et de la justice sociale à l'ouvrier de France, de Roumanie, de Hongrie, de Belgique et, demain, à l'ouvrier anglais, voilà les quatorze points de Wilson[33] reconsidérés, rajeunis, mis au goût du jour et au service de la victoire allemande! (p. 79)

In the German victory, Augier sees a rebirth of French vitality. It may, however, take time.

> En attendant, il faut que des milliers de nos camarades passent le Rhin. Une magnifique occasion de réaliser enfin l'interpénétration de nos deux peuples est offerte. Le rapprochement franco-allemand, qui est la tâche suprême et le devoir de notre vie, ne se fera pas dans les salons, entre littérateurs et douairières. Il se fera dans le travail d'abord puis, quand la paix sera revenue, dans la joie des routes, des compétitions sportives, des auberges de Jeunesse. Mais il faut commencer tout de suite. Ceux qui partent maintenant, gens sérieux ou aventuriers, sont les pionniers dont l'Europe gardera les noms. (p. 89)

Augier went on to become one of the most prolific collaborationist journalists – an odd career for someone who in 1936 had been an ardent supporter of the *Front populaire*!

DE GAULLE SEEN FROM VICHY

During the first two years of the Occupation, most of the French were convinced of, or resigned to, an ultimate German victory. Even the invasion of Russia in mid-1941 appeared to confirm the German success, and it was not until the autumn of 1942 that Hitler's armies would begin to suffer serious reversals.

None the less, the daily radio programmes of the little Free French group in London were keenly followed by people in France, as an additional source of information – albeit with its own bias – at a time when French newspapers and radio were largely given over to pure propaganda. Throughout the war, as we shall see, the battle of the airwaves continued to be taken, by both sides, as an important part of the struggle.

Vichy was not populated only by collaborationist extremists, and some of Pétain's supporters were patriotically French enough to express some admiration of their compatriots on the other side of the Channel. One such is Maurice Martin du Gard (1896–1970). A significant, if not major, literary figure of the first half of the century, he attempts, in his *Chronique de Vichy* (Paris, 1948), to show the complexities of political and public life at the time. He believed that apart from a handful of committed collaborationists and anti-bolschevists, most French public servants and politicians were clever enough to help thwart the activities of the German administration. In retrospect, the idea of Vichy being involved in a subtle form of resistance appears more naive than true, but Martin du Gard's commentary on the state of affairs in the summer of 1942 remains interesting. His distinction between the pragmatic Laval and what he sees as the noble dignity of Pétain was a typical reaction, and reflects the perception of most French people; more unusual are his analysis of de Gaulle's personality, and his insight into the potential value of the London strategy in the event of an Allied victory.

À l'écoute. Juillet 1942

L'émission des Français de Londres a pris une virulence nouvelle depuis le retour de Laval[34] qu'on présente comme une nouvelle trahison du Maréchal. Le pauvre! Lorsque, dans son détail surprenant, Maurice Schumann[35] connaîtra la réalité, il regrettera probablement la méchanceté de ses propos radiophoniques d'aujourd'hui. Laval, lui, peut supporter ces outrages, c'est un homme politique, il en a l'habitude. Il s'en prévaut auprès des Allemands qui n'ont que trop de raisons pour se méfier de son maquignonnage[36] au moment où il ruse avec le lourd Sauckel[37] et se bat avec lui pour défendre nos ouvriers. Mais le Maréchal! Je persiste à penser que de Gaulle a commis une grave erreur psychologique en attaquant d'abord, puis en laissant attaquer constamment Pétain à sa radio. Il aurait mieux servi la France, sinon son ambition personnelle, en affirmant qu'il travaillait à le libérer et en interdisant ce ton de méchanceté grossière qui attriste tant de braves gens.

Prenant de temps à autre de Gaulle et Schumann à l'écoute, je m'aperçois que je suis moins intéressé par ce qu'ils disent, et qui d'ailleurs ne varie guère, que par la façon dont ils le disent, par les inflexions de leurs voix qui traduisent leur propre état physi-

que et moral, leurs incertitudes secrètes du moment ou leurs certitudes au contraire, que justifient des événements ou des plans d'action que l'on ignore encore. Telle lassitude vocale renseigne fort bien, et quelquefois, chez de Gaulle, tel grand calme qui succède à un discours du mois dernier prononcé avec une colère malsaine, pleine d'inquiétude. Schumann garde une unité de ton dans la violence, qu'il retranche de la communauté française tous ceux qui ne pensent pas exactement comme lui ou qu'il annonce la victoire des démocraties, et il faut beaucoup d'attention pour déceler dans sa voix s'il est fatigué, malade, désespéré ou s'il a reçu de bonnes nouvelles des siens. C'est beaucoup plus facile en écoutant de Gaulle, bien que nous ayons affaire à un homme autrement secret que son porte-parole. Plus je l'étudie, plus sa voix révèle les traits de son caractère. A vrai dire, son attitude devant Dakar, en septembre 1940,[38] les messages qu'il envoya alors de son navire au Gouverneur général Boisson, à l'armée, à la population, tout cela m'avait renseigné à merveille: l'euphorie suffisante avec laquelle il se présenta, puis, au second temps, une maîtrise rare devant le danger, suivie d'une fatigue amère en présence de la résistance opposée à ses desseins, et enfin le fléchissement brusque de toute sa personne qui abandonna la partie. Ses discours, aujourd'hui, sont les variations, orchestrées supérieurement, de l'orgueil, de l'amertume et de la ténacité. L'écrivain est chez lui très apparent, avec ce soin minutieux de l'image.[39] Sur le papier, il lutte, non sans bonheur, contre la monotonie. Il y a une certaine recherche de style par laquelle il veut s'imposer et dans laquelle il tente de bannir tout ce qui est en lui proprement militaire. Et dans sa voix, même chose, mais il y réussit moins. Il veut être lu au moins autant qu'écouté. Dans cette double ambition, se manifeste une gêne où la moindre fatigue physique se laisse aisément surprendre par une oreille exercée.

Quand de Gaulle parle de la France combattante présente sur le champ de bataille au coude à coude avec les Alliés, il a des accents contagieux. C'est ce qu'il y a de positif dans son affaire, la principale carte de son jeu. Si les Alliés obtiennent la décision, nous finirons grâce à lui du bon côté. L'héroïque résistance de la colonne Kœnig à Bir Hakeim,[40] mise en ondes avec un art insistant, a fait grande impression.

Source: Maurice Martin du Gard, *Chronique de Vichy*, Paris, 1948, pp. 281–3, © Librairie Ernest Flammarion

4

Occupation II: abjection and hope

The Vichy government's ideals of a national revolution that would lead to a rebirth of France in the heart of the New Europe were embodied in its motto: 'FAMILLE, TRAVAIL, PATRIE'. The reactionary and repressive attitudes concealed behind the expressed values of family, work, and love of country were not slow to emerge, although since negative measures were initially applied to 'marginal' and minority groups, such as Freemasons, refugees and Jews, the population as a whole – which had its own worries about food, clothing, and keeping warm – for a long time remained blind to the progressive transformation of France into a police state. The Vichy belief that collaboration with Germany would bring about renewal was openly exposed as the absurdity it had always been, as collaboration came more and more to mean the suicidal espousal of Nazi tyranny, imposed by French people on their own compatriots.

This evolution can be matched with the major developments of the war. From the beginning, Vichy accepted, and pursued with considerable initiative, the German ordinances against the Jews; and while at the start, discrimination was exercised principally against Jews of foreign nationality, it was not long before many French Jews were receiving similar treatment. After the German invasion of the USSR in June 1941 a new and larger group was added to the list of official enemies of the State – the communists: and once again, not only refugees from Spain or other European countries, but millions of French. And of course, the so-called 'dissidents' or 'gaullists' – those who

supported de Gaulle's call to continue the struggle – made up another group, whose numbers grew rapidly after the successful Allied invasion of North Africa in November 1942 (and the extension of the German occupation to the whole of mainland France), and even more so after the introduction of the Forced Labour Programme in early 1943.

The birth of structured resistance movements in occupied France itself created a chain of consequences. Attacks on German installations and personnel brought savage reprisals – torture, deportation, summary execution of arbitrarily selected hostages – and these in turn provoked not only fear, but often, more determined resistance. In the course of 1943 and 1944, a struggle of spiralling intensity took place, which saw the forces of liberation growing in strength, but pitted against the unmasked ruthless violence of an occupying army now largely in the control of the Gestapo, and a collaborationist French regime now reduced to servile aping of its German masters.

THE JEWISH QUESTION

The Vichy government's active support for German antisemitic policies will remain a permanent source of shame for France, which from 1942 to 1944 participated in the deportation of 76,000 Jews to the death camps. Less than 3 per cent of them survived. In addition, several thousand more died in internment camps in France itself, or were summarily executed by German or French authorities.[1]

42

Antisemitic cartoon leaflet
Source: National Library, Canberra

Discriminatory measures began in the autumn of 1940, with German decrees quickly followed by French laws defining the status of Jews, limiting their access to commercial and professional activities, and permitting confiscation of their property. The exclusion of Jews from the economic and cultural life of the nation was just the first step in their complete alienation from the community. Under the supervision of the police and the 'Commissariat général aux questions juives' (established in early 1941), the Jews of France were forced to register themselves and their businesses (1940–41), obliged to wear a prominent six-pointed yellow star marked 'JUIF' (June 1942), and thereafter under constant threat of arrest, imprisonment and deportation, simply because they were Jews. In July 1942, the biggest round-up of Jews in Paris – the so-called 'rafle du Vélodrome d'Hiver' – saw 20,000 Jews herded into a cycling stadium, before being transported to internment camps. The first train-load to be shipped out of France had left in March that year, and there would be seventy-one more such trains until the last convoy in August 1944.

The following passages attempt to capture a sense of the range of experience involved in this radical persecution: the chillingly blunt tone of the laws, the suffering and bewilderment of the victims and their families, the reaction of the Church, the organization of the convoys being sent to 'unknown destinations', etc. That the prisoners of Drancy had little idea of their ultimate fate, or of its causes, can be judged from the graffiti found after the camp was liberated:

'Vive la France quand même.'
'Courage! On les aura, et bientôt!'

Clearer still is the statement of a surviving witness:

Nous ne savions rien sur le but du voyage. La radio avait bien parlé des chambres à gaz, des fours crématoires. Mais nous ne pouvions pas y croire. De telles monstruosités nous semblaient impossibles et nous pensions qu'il s'agissait là simplement d'une propagande allemande.

Ghettos, travaux forcés, c'est tout ce que nous pouvions imaginer.[2]

Two anti-semitic laws

1. LOI DU 2 JUIN 1941

Nous, Maréchal de France, chef de l'Etat français,
Le conseil des ministres entendu,
Décrétons:

Art. 1er. — Toutes personnes qui sont juives au regard de la loi du 2 juin 1941 portant statut des juifs[3] doivent, dans le délai d'un mois, à compter de la publication de la présente loi, remettre au préfet du département ou au sous-préfet de l'arrondissement dans lequel elles ont leur domicile ou leur résidence, une déclaration écrite indiquant qu'elles sont juives au regard de la loi et mentionnant leur état civil, leur situation de famille, leur profession et l'état de leurs biens.

Le déclaration est faite par le mari pour la femme, et par le représentant légal pour le mineur on l'interdit.[4]

Art. 2. — Toute infraction aux dispositions de l'article 1er est punie d'un emprisonnement de un mois à un an et d'une amende de 100 à 10,000 fr., ou de l'une de ces deux peines seulement, sans préjudice du droit pour le préfet de prononcer l'internement dans un camp spécial, même si l'intéressé est Français.[5]

Art. 3. — Des dispositions particulières fixeront les conditions dans lesquelles la présente loi sera appliquée en Algérie, dans les colonies, dans les pays de protectorat, en Syrie et au Liban.[6]

Art. 4. — Le présent décret sera publié au *Journal officiel* et exécuté comme loi de l'Etat.

Fait à Vichy, le 2 juin 1941.

PH. PETAIN

2. LOI DU 11 DECEMBRE 1942

Le chef du Gouvernement,
Le conseil de cabinet entendu,
Décrète:

Art. 1er. — Toute personne de race juive aux termes de la loi du 2 juin 1941 est tenue de se

The camp at Drancy

Source: The Centre de Documentation juive contemporaine, Paris (CCXLV 260)

présenter, dans un délai d'un mois à dater de la promulgation de la présente loi, au commissariat de police de sa résidence ou, à défaut, à la brigade de gendarmerie pour faire apposer la mention «Juif» sur la carte d'identité dont elle est titulaire ou sur le titre en tenant lieu et sur la carte individuelle d'alimentation.

Art. 2. — Les infractions aux dispositions de l'article 1er de la présente loi seront punies d'une peine d'un mois à un an d'emprisonnement et d'une amende de 200 à 10,000 fr. ou de l'une de ces peines seulement, sans préjudice du droit pour l'autorité administrative[7] de prononcer l'internement du délinquant.

Toute fausse déclaration ayant eu pour objet de dissimuler l'appartenance à la race juive sera punie des mêmes peines.

Art. 3. — Le présent décret sera publié au *Journal officiel* et exécuté comme loi de l'Etat.

Fait à Vichy, le 11 décembre 1942.

PIERRE LAVAL

Drancy[8] la Juive

Paris, le 5 décembre 1941

Monsieur XAVIER VALLAT[9]
Commissaire Général aux
Questions Juives
PARIS

Monsieur le Commissaire Général,

Nous avons l'honneur de nous adresser à vous, Monsieur le Commissaire Général, qui êtes à la tête du Commissariat aux Questions Juives, au sujet de la situation lamentable des internés au camp de Drancy.

Depuis le 20 août dernier, 5.000 Juifs, malades ou non, sont détenus à Drancy dans des conditions de vie indescriptibles. Ce sont des hommes d'origine la plus hétéroclite:[10] il y en a qui sont d'anciens combattants de la guerre 1914–18 et 39–40, d'anciens prisonniers de guerre en Allemagne, des mutilés de guerre, des pensionnés, des décorés de la Croix de guerre, de la médaille militaire, de la Légion d'honneur; des vieux de plus de 60 ans et des mineurs de 16 ans à peine, des malades et des infirmes. Ces hommes souffrant de faim durant de longues semaines, sont entassés dans des bâtiments humides et obscurs. Les carreaux peints en bleu ne laissent pas filtrer le moindre rayon de soleil, et les hommes privés de lumière aussi bien le jour que la nuit souffrent tous des maladies des yeux. Deux longs mois durant ces hommes mouraient de faim à chaque heure du jour, la nourriture du camp ayant été nettement insuffisante et les colis alimentaires n'ayant pas été admis du dehors.

Les résultats de ce traitement ne se sont pas fait attendre: Les infirmeries se sont remplies, malgré le manque de médicaments, les ambulances allaient et venaient sans arrêt emmenant les malades dans des hôpitaux de Paris (où aucun membre de famille n'a été autorisé à voir le malade, même si ce dernier était mourant). A l'intérieur même du camp, la diarrhée et la dysenterie faisaient rage. Les jointures des mains enflées, les yeux boursouflés des détenus faisaient craindre de pires épidémies. Des dizaines et des centaines d'hommes s'évanouissaient journellement, signe extrême d'affaiblissement et d'épuisement. La perte de 15–20 ou même de 25 kg de poids est devenue chose normale chez ces hommes au bout de deux mois de leur détention. Cet état des choses atroce était aggravé encore par le règlement inhumain du camp:[11] pour la moindre peccadille de l'un des internés, un bloc entier était privé de nourriture, déjà si insuffisante, pendant 24 heures. Les appels, deux fois par jour, qui duraient 20 et 30 minutes chacun, étaient obligatoires pour tous les détenus sans exception; les malades les plus graves, mêmes alités, devaient y être présents debout tout le temps. Les malades opérés dans des hôpitaux étaient ramenés au camp au lieu d'être renvoyés chez eux pour la période de convalescence.

Dans cet état des choses, la situation allait en s'aggravant et devint bientôt alarmante, à un tel point que l'administration du camp elle-même s'en est émue. Et voilà que des libérations ont commencé.[12] Quelques centaines de malades ont été libérés, mais en quel état! Au bout de quelques jours le nombre des morts par suite des maladies

contractées au camp et d'épuisement s'est élevé à 24. Vingt-quatre victimes du traitement inhumain du camp de Drancy! Et combien d'infirmes pour toute la vie![13]

Pourtant les libérations ont cessé. Que deviendront, alors, nos maris et nos fils qui sont restés à Drancy? Nous, mères, épouses et soeurs de ces détenus, pleines d'angoisse, craignant pour eux le pire, nous nous adressons à vous, Monsieur le Commissaire Général, avec le cri d'alarme allant du fond de notre coeur. Vous qui affirmez toujours que vous ne voulez pas de cruauté dans le règlement du problème juif, aidez-nous. Ce que nous demandons ce sont des choses les plus élémentaires, les plus normales et, aussi, les plus modestes:

Faites libérer les grands malades, les vieux et les mineurs! Remettez en liberté les décorés et les ancients combattants de 1914 et 1939!

Pour ce(ux)[14] qui restent encore au camp, nous vous demandons de leur procurer:

Une meilleure nourriture, le chauffage, la lumière et le savon, des piqûres contre les maladies contagieuses et des soins médicaux aussi bien que des médicaments en cas de maladie. Nous demandons aussi le droit d'aller voir nos chers détenus que nous n'avons pas revus depuis 3 mois et ½.

Est-ce trop de demander?

Nous voulons espérer que vous ne trouverez pas nos demandes exagérées et que vous voudrez bien faire le nécessaire pour que nous obtenions gain de cause. D'avance, nous vous en disons merci de tout notre coeur.

Nous vous prions d'agréer, Monsieur le Commissaire Général, l'expression de nos sentiments les plus distingués.

Un groupe de femmes-mères et épouses
des internés de Drancy

Source: Letter held in the archives of the Centre de Documentation juive contemporaine, Paris. Document C11-31

A church response[15]

Mes très chers frères,

L'exécution des mesures de déportation qui se poursuivent actuellement contre les Juifs, donne lieu sur tout le territoire à des scènes si douloureuses que nous avons l'impérieux et pénible devoir d'élever la protestation de notre conscience. Nous assistons à une dispersion cruelle des familles où rien n'est épargné, ni l'âge, ni la maladie. Le coeur se serre à la pensée des traitements subis par des milliers d'êtres humains et plus encore en songeant à ceux qu'on peut prévoir.

Nous n'oublions pas qu'il y a pour l'autorité française un problème à résoudre et nous mesurons les difficultés auxquelles doit faire face le gouvernement.[16]

Mais qui voudrait reprocher à l'Eglise d'affirmer hautement en cette heure sombre et en présence de ce qui nous est imposé,[17] les droits impréscriptibles de la personne humaine, le caractère sacré des liens familiaux, l'inviolabilité du droit d'asile et les exigences impérieuses de cette charité fraternelle dont le Christ a fait la marque instinctive des ses disciples![18] C'est l'honneur de la civilisation chrétienne et ce doit être l'honneur de la France de ne jamais abandonner de tels principes. Ce n'est pas sur la haine et la violence qu'on pourra bâtir l'ordre nouveau; on ne le construira, et la Paix avec lui, que dans le respect de la justice, de l'union bienfaisante des esprits et des coeurs à laquelle nous convie la grande voix du Maréchal[19] et où refleurira le séculaire prestige de la France.

Daignez, Notre Dame de Fourvière,[20] aider à en hâter le retour.

Pierre-Marie GERLIER

Convoy organization

CAMP DE DRANCY

Bureau du Commandement NOTE DE SERVICE NO. 12

D'Ordre des Autorités Allemandes:

Le départ du Contingent de la Catégorie B[21] aura lieu au jour et heure qui seront fixés ultérieurement.

Une heure avant le départ, les groupes de 50 personnes seront réunis dans leurs chambres sous les ordres de leurs chefs de groupe.[22]

Ceux-ci devront être porteurs de la liste nominative des personnes de leurs groupes.

Les bagages seront préparés. Ils devront être soigneusement empaquetés et porter lisiblement le nom et le matricule de leur propriétaire. Tout le monde devra être prêt à descendre dans la cour aussitôt que l'ordre en sera donné. Pour le départ, les groupes seront formés dans l'ordre suivant:

		no.	
1er Groupe		no.	1–50
2	"		51–100
3	"		101–150
4	"		151–200
5	"		201–250
6	"		251–300
7	"		301–350
8	"		351–400
9	"		401–450
10	"		451–500
11	"		501–550
12	"		551–600
13	"		601–650
14	"		651–700
15	"		701–750
16	"		751–800
17	"		801–850
18	"		851–900
19	"		901–950
20	"		951–1000

Aucun changement de groupe ne pourra être admis, chaque groupe formant le personnel devant être embarqué dans un wagon.

Pour descendre des chambres, et chaque fois qu'il y aura un mouvement à faire, les chefs de groupe (Wagon Ordner) à brassards blanc et rouge, marcheront en tête de leur groupe. Les chefs de groupe-adjoints (Wagon Ordner) à brassards blancs, marcheront en queue des groupes et devront veiller à ce que tout soit bien en ordre et qu'il n'y ait pas de trainards ou de personnes s'écartant des groupes. Chaque groupe sera muni de 5 seaux qui seront déposés dans le wagon.

VIVRES: Les distributions des vivres de route auront lieu par les soins des chefs d'escaliers et des Wagon-Ordner à une heure qui sera fixée ultérieurement. Les vivres seront touchés aux

R. F. ⁄⁄
Sicherheits-Dienst
Nachrichten-Uebermittlung

Aufgenommen				Befördert				Raum für Eingangsstempel
Tag	Monat	Jahr	Zeit	Tag	Monat	Jahr	Zeit	
				14. Aug. 1942				
von		durch		an		durch		

Verzögerungsvermerk

Nr. 16998

Telegramm — Funkspruch — Fernschreiben — Fernspruch

IV. J   SA 225 a   Paris, den 14.8.1942
He/Bir

                    Dringend, sofort vorlegen !

An das
Reichssicherheitshauptamt, Referat IV B 4,
z.Hd. ⁄⁄-Obersturmbannführer EICHMANN, o.V.i.A.
B e r l i n

An den
Inspekteur der Konzentrationslager
in Oranienburg

An das
Konzentrationslager
in   A u s c h w i t z

        Am 14.8.1942, 8,55 Uhr hat Transportzug Nr. D. 901/14
den Abgangsbahnhof Le Bourget-Drancy in Richtung Auschwitz mit
insgesamt 1000 Juden verlassen. (Darunter erstmalig Kinder)
        Der erfaßte Personenkreis entspricht den gegebenen Richt-
linien.
        Transportführer ist Stabsfeldwebel K r o p p , dem
    die namentliche Transportliste in zweifacher Ausfertigung mitg-
1) egeben wurde.
2)   Mitgegebene Verpflegung wie üblich pro Jude für
3) 12 Tage.
4)   I.A.
5)

                                          Röthke.
                    ⁄⁄ - Obersturmführer

Copy of a secret German telegram announcing the departure of a convoy of 1,000 Jews from Drancy to Auschwitz on 14 August 1942, including, for the first time, children ('erstmalig Kinder')

Source: The Centre de Documentation juive contemporaine, Paris (XLIX–38)

cuisines par des corvées constituées sous les ordres des chefs de groupes et sous la surveillance des chefs d'escaliers. La répartition sera faite dans les groupes sous la responsabilité des chefs de groupes.

Au moment du départ, les cours devront être totalement et rigoureusement évacuées. Les infirmeries, les chambres, les Bureaux, les Ateliers, seront consignés, les fenêtres en seront fermées.[23] La circulation sous la marquise[24] est totalement interdite.

Les chefs de Services, d'escaliers et de chambres sont personnellement responsables de l'exécution de ces prescriptions.

Une corvée de 15 femmes, accompagnées de 3 M.S.[25] sous les ordres de LANGBERG Emmanuel, se rendra en gare pour effectuer le nettoyage des wagons. Ils emporteront avec eux le matériel nécessaire, seaux, balais, etc. L'ordre d'exécution sera donné ultérieurement.

Les 15 jours de vivres[26] seront chargés directement en gare par les soins de l'Economat. Un camion de 5 tonnes sera demandé à l'U.G.I.F.[27] à cet effet. La garde du Wagon sera assurée par la GENDARMERIE.

Le service d'ordre pour le rassemblement et l'embarquement en autobus sera dirigé par le Chef M.S.

Une corvée de 8 hommes catégorie C1[28] ayant des attaches au Camp pour la corvée de bagages en Gare, sera désignée pour se rendre en gare sous les ordres de M. GEISSMANN Georges le matin du départ.

Une corvée de 3 hommes ayant des attaches au Camp et choisis parmi les C1 sera désignée pour être mise à la disposition de l'Economat pour le chargement du wagon.

Une corvée de porteurs de bagages au Camp de 20 hommes effectuera le chargement des bagages dans les autobus sous les ordres de M. WELLERS.

DRANCY, le 5 Octobre 1943
Le Commandant du Camp

Source: Document held by the Centre de Documentation juive contemporaine (DLXII–126)

NAZI FRANCE

French military collaboration with Germany outside of France was limited. Apart from Vichy's defence of the French Empire – at Dakar (1940), in Syria (1941) and in Algeria (1942) – there were only two major manifestations: the 'Légion des Volontaires Français contre le bolchevisme', which sent a contingent of about 2,300 men to fight on the Russian Front in 1941; and a similar number who joined directly the German army (Waffen SS) in 1943–44.[29] Within France, however, the situation was different. Motivated as much by antisemitic and anticommunist ideology as by admiration for the Germans, collaborationist tendencies reached their ugliest expression in the creation, in January 1943, of the *Milice*, a well-paid, well-armed, tightly organized paramilitary force whose express purpose was to track down and eliminate the 'terrorists' of the Resistance.

The Milice was founded and led by Joseph Darnand (1897–1945), a First World War hero who had been active in the right-wing political movements of the 1930s, and who in 1941 had created the Service d'Ordre Légionnaire (SOL), a sort of volunteer police force out of which the Milice would grow. Darnand was also a member of the crack Waffen SS. At its height, the Milice had about 10,000 active fighters, who did great damage to the resistance movement, most notably in the joint action with the Germans on the plateau of Glières (Haute-Savoie) in February–March 1944, but also in dozens of individual assassinations. At the end of 1943, Darnand became Secretary of State for the Maintenance of Order, and by the following spring had all of France's police forces under his control. Responsible for the imprisonment, torture and death of hundreds of Resistance fighters, and for the deportation of thousands more, he was tried and executed after the liberation.

Another highly visible face of French collaborationism in the second half of the Occupation was the mass media – in daily newspapers like *L'Oeuvre* and *Les nouveaux Temps*, or weeklies like *Je Suis Partout*,[30] and, even more dramatically, in the radio programmes from Vichy and Paris. There were two radio speakers who became particularly famous as collaboration propagandists in the battle of the airwaves with resistance forces in London, Moscow and Algiers: Jean Hérold-Paquis (1912–45) and Philippe Henriot (1889–1944). The latter is especially interesting in that from January 1944, he became a member of the Vichy government as Secretary of State for Information and Propaganda, and gave two radio talks each day on current affairs. He came from the tradition of Right-wing Catholic militancy – antisemitic, anticommunist, and fanatically patriotic.

The following text is a typical attack on the Resistance and its supporters. It has additional use in that it contains a long quotation from a speech by Joseph Darnand at the funeral of three mobile guards killed by the Resistance. In February 1944, as expectations of imminent liberation were rising, the tensions between Vichy (where old Maréchal Pétain had now lost all power) and the Resistance were reaching fever-pitch. The Henriot-Darnand document is a declaration of the collaborationist determination to fight to the finish.

Philippe Henriot vous parle

Au Radio-Journal de France

No. 72   'Paroles de chef'
                              mercredi 2 février 1944
                                          19h 40

J'avais signalé avant-hier, dans mon éditorial de midi, la fausse nouvelle selon laquelle Joseph Darnand avait été blessé dans un attentat à Vichy,[31] nouvelle lancée par l'agence Tass,[32] d'après des informations en provenance de Genève. Ce qui reste assez troublant, c'est que le soir du même jour, à 20 heures, Alger[33] reprenait la même nouvelle. Cette insistance déroute. A moins que l'attentat ayant été réellement prévu, ceux qui le pensaient inévitable aient immédiatement fait savoir qu'il avait été commis, prenant ainsi leurs désirs pour la réalité et devançant quelque peu les événements qu'ils espéraient avoir suffisamment préparés. Quoiqu'il en soit, une fois de plus, nous

avons pris Alger et Moscou et leurs informateurs en flagrant délit de mensonge.

Joseph Darnand est toujours à son poste et, il y a quelques heures à peine, il prenait la parole à Vichy au cours d'une émouvante cérémonie. Il s'agissait des obsèques de trois gardes mobiles des groupes de réserve,[34] tués dans un récent combat contre les bandits[35] chers au cœur de ces messieurs d'Alger. A l'heure où le terrorisme pris à la gorge tente un suprême effort pour échapper à la défaite qui le guette, Joseph Darnand avait voulu qu'une solennité particulière marquât ces funérailles de soldats tombés pour la défense de l'ordre. Une foule énorme se pressait sur le parcours du cortège et s'était massée sur le terre-plein de l'église Saint-Louis. Elle écouta religieusement les viriles et graves paroles du Secrétaire général au Maintien de l'ordre. Les misérables qui, derrière leurs micros,[36] excitent les assassins et les saboteurs, se trompent lorsqu'ils croient avoir avec eux le peuple de France. Si dans certains pays, les bandits trouvent une apparence de complicité, elle tient à la terreur qu'ils font régner sur des gens sans moyen de défense.[37] Mais notre pays, s'il est capable de se laisser emporter parfois à des excès où l'entraîne une sensibilité frémissante ou une idéologie sentimentale, a l'horreur des tueries et de la guerre civile. Qu'on se souvienne seulement de la réprobation que souleva, il y a dix ans, le massacre du 6 février.[38] Certes, au cours de son histoire, la France a été trop souvent la proie de ceux qui, exploitant ses malheurs, la précipitaient dans des luttes aussi stériles que sanglantes. Il suffisait de mettre en avant quelques sentiments généreux et toujours les mêmes: l'amour de la liberté, le patriotisme, la fraternité, pour la conduire à accepter des chaînes, à se livrer aux sans-patrie, et à se plonger dans un bain de haine.[39] Il n'était plus temps, ensuite, de la regretter, et la réconciliation du pays ne se faisait que sur les tombes. [...]

C'est avec la même inconscience, la même irréflexion qu'aujourd'hui il s'est lancé tête baissée, au nom du patriotisme, dans la voie tragique du Terrorisme. Mais, encore un coup, il ne cède à ces tentations et à ces dépravations que si on ne l'éclaire pas à temps. Il a applaudi aux premiers

attentats, parce que ces singuliers directeurs de conscience politique lui répétaient qu'il s'agissait seulement de châtier des traîtres. Seulement, il n'arrive
plus à croire, en parcourant la liste des attentats dans
les journaux, qu'il y ait tant de traîtres. Qui d'entre
vous ne connaissait quelqu'un parmi les victimes de
cette folie sanguinaire? N'avez-vous pas été frappés
de stupeur en apprenant ces morts tragiques? Vous
saviez pertinemment qu'il s'agissait de bons
Français, prêts à accepter tous les sacrifices qui leur
seraient demandés pour la France. Mais l'étiquette
«traître» justifiait à l'avance leur mort. Alors, vous
avez ouvert les yeux. Vous avez constaté qu'on tuait
n'importe qui, n'importe comment. Vous avez frémi
devant les affreux détails de ces attentats. Vous avez
senti l'angoisse sur vos coeurs. Pouvez-vous encore
entendre sans une horreur écoeurée ces gens d'Alger
ou de Londres désignant nommément des personnes
à abattre, choisissant des cibles pour des meurtriers
dans vos villages, dans vos quartiers, dans vos
proches? Ne sentez-vous pas qu'il faut avoir perdu
tout sens commun pour se féliciter d'entendre le
palmarès[40] des déraillements de trains, des pillages
de denrées?[41] Et n'avez-vous pas un secret remords,
vous qui tenez à vos biens et à votre vie, quand vous
constatez qu'au premier rang de ceux que l'on vise
ainsi figurent justement les hommes qui sont chargés
de vous défendre et de vous protéger? La fameuse
faiblesse que les Français ont si souvent montrée pour
Guignol rossant le commissaire,[42] pouvez-vous la
transposer en une allégresse de voir le bandit
assassiner l'agent et le gendarme? Et c'est pourquoi
la population de Vichy écoutait avec une gravité
particulière les paroles de Darnand disant, avec
émotion: «sa fierté d'être le chef d'hommes capables
de sacrifice suprême au moment où tant d'esprits
s'égarent, où tant de volontés fléchissent.»

Ces trois cercueils drapés du tricolore, quelle
méditation ils dictaient à nos coeurs. Encadrés de
leurs camarades, ces morts semblaient leur passer
la redoutable consigne du devoir accompli sans
faiblesse jusqu'au bout.

Dans le religieux silence de la place, la voix de
Joseph Darnand, pathétique et comme fêlée
d'émotion, retentissait: «J'ai appris en quelques
semaines, disait-il, à connaître les troupes du Maintien de l'ordre.[43] J'ai pu les juger au combat contre
les associations de malfaiteurs qui dévalisent des
magasins, brûlent des fermes, massacrent des
Français en invoquant faussement le salut de la
Patrie. N'admettant ni la négligence, ni la faiblesse,
je comprends mieux le dévouement et l'héroïsme de
ceux qui se sont battus sans arrière-pensée et sans
peur et qui sont tombés, comme les brigadiers Craux
et Lacaze et comme le garde Habrouzit, les armes
à la main.

«De brefs communiqués ne disent pas aux Français
quels durs combats ont mené ceux qui sont chargés
de défendre leurs vies et leurs biens. Sur notre sol,
une bataille que nous n'avons pas voulue est
commencée. Nous l'acceptons et nous sommes
décidés à la gagner. Il ne s'agit ni de vengeance, ni
de luttes partisanes, mais du combat des défenseurs
de l'ordre contre ceux qui veulent, par le crime,
asservir la France au bolchévisme. Les consciences
n'ont pas à se torturer pour établir des distinctions
subtiles.[44] Tous tuent, sabotent, pillent. Les uns et
les autres, quels que soient leurs chefs étrangers, font
bon marché de notre sécurité intérieure. Ils
encouragent à l'anarchie, permettent tous les abus,
justifient tous les crimes.

«Contre ces hors-la-loi, notre devoir est clair. Ceux
qui sont morts l'avaient compris. Ils nous lèguent
le plus noble exemple de servitude militaire et civi-
que et nous confirment dans notre résolution de poursuivre notre tâche de salut public.

A la violence, nous réprondrons par une répression juste mais implacable. Des circonstances excep-
tionnelles ont imposé la création de Cours
martiales.[45] Elles ont déjà condamné des terroristes,
et les sentences de mort sont exécutées.

«Désormais, l'équilibre est rétabli. Les risques ne
sont plus du même côté et les irréductibles n'ont pas
à compter sur l'indulgence.

«Que tous ceux que je commande, gendarmes,
gardes, G.M.R., forces de police, comprennent
bien qu'en exigeant d'eux l'accomplissement total
de leur devoir, je veux donner les moyens de se
battre et de gagner. La liste des martyres du maintien de l'ordre s'allongera peut-être. Que leurs
camarades soient dignes de leurs sacrifices et qu'ils
se pénètrent dans leur dure mission de la grandeur

d'une tâche dont dépend la sauvegarde de la Patrie.»

C'était une grande leçon qui montait de ces cercueils et tombait de ces lèvres; leçon d'abnégation et de fidélité, leçon de gratitude envers ceux qui se sacrifient et s'exposent, leçon d'espoir aussi devant le sursaut de la France, trop longtemps aveuglée et découvrant l'abîme. Leçon de confiance, enfin, devant la volonté impitoyable manifestée par Joseph Darnand de vaincre le terrorisme. Comparez, Français, ces paroles de justice et de ferme et froide résolution prononcées par un Chef qui, au cours de deux guerres, paya si magnifiquement de sa personne, avec les appels hystériques au meurtre qui vous sont lancés par les sinistres pantins de Marty,[46] et vous choisirez cette fois, sans erreur, entre l'anarchie et l'ordre, entre la discipline et la rebellion, entre le maquis et la Patrie.

Document held by the Bibliothèque Nationale, Paris (droits réservés)

RESISTANCE

From the time of his call of 18 June 1940, Charles de Gaulle worked tirelessly to create, and maintain, the image of a 'France combattante'. He was not, of course, alone. All around the world, organizations were established to help the Free French cause, among them substantial publishing ventures in Britain, Canada, and the USA. It is difficult to estimate the exact significance of such support, but there can be no doubt that it suited de Gaulle's overall strategy of emphasizing the universal nature of the war, and that France, if it was to survive at all, had to be kept present in the world's eye. Recognized by the British from August 1940 as the leader of 'La France Libre', de Gaulle had much more difficulty with the Americans, who persisted for a long time in recognizing only the authority of Vichy.

Parts of the French Empire – Tchad, Cameroon, the Congo, Tahiti, New Caledonia – joined the Free French movement as early as the autumn of 1940, and from December of that year, Free French forces participated in Allied actions against the Germans or Italians in Libya, Syria, Somalia and Ethiopia. General Philippe Leclerc (1902–47) was particularly distinguished.

De Gaulle was also concerned to assert his own leadership, and to extend his authority over both colonies and the internal resistance movements. His political manoeuvres required great tenacity and skill, and their success depended on the devoted courage of his followers. In France itself, the most famous of these was Jean Moulin (1899–1943), a former Prefect of Chartres, who had joined de Gaulle in London and had then been parachuted back into France with the task of unifying resistance movements in the Southern Zone. By the spring of 1943, Moulin had become president of the Conseil National de la Résistance (CNR). At the same time, in the Northern Zone, General Charles Delestraint (1879–1945) was charged with organizing the *Armée secrète*, a fusion of various resistance networks. Both Moulin – betrayed, tortured, and murdered – and Delestraint – arrested and deported – would pay with their lives for their successful contributions to the unification of internal resistance in France. 'La France combattante' had become a reality, both within France, and through the vigorous participation of French troops in the Allies' battle against the Axis.

After the Allied invasion of Algeria and Morocco in November 1942, de Gaulle accepted co-presidency of the newly formed *Comité Français de Libération Nationale* (CFLN) with General Henri Giraud (1879–1949), who enjoyed the support of the Americans. De Gaulle gradually edged Giraud aside, however, and by the end of 1943, his political leadership was uncontested. Giraud's contribution to France's liberation was none the less considerable. With leaders like Generals Juin (1888–1967) and de Lattre de Tassigny (1889–1952), he rebuilt a battle-capable French army that would do much to restore credibility to the battered national prestige in various campaigns with the Allies, including the final liberation of mainland France.

Within France, the biggest and best-organized resistance movement was communist. Until the German invasion of Russia in 1941, the French Communist Party had been in the difficult position of having to support Stalin's accommodation with

Apporté par vos amis de la R.A.F.

Le Courrier de l'Air

1942   No. 12

Distribué par les patriotes français

Le général MacArthur est arrivé en Australie

LA BATAILLE DE L'AUSTRALIE

La situation actuelle en Australie réunit sensiblement les mêmes facteurs que ceux qui existaient à la fin de l'été de 1940, quand s'est livrée la Bataille de la Grande Bretagne.

C'ÉTAIT alors que la R.A.F. s'était lancée à l'attaque des ports de la côte française de la Manche, bases d'invasion des armées allemandes. Décrivant la situation telle qu'elle se présentait alors, Mr. Churchill déclarait aux Communes le 5 septembre:

"Tous les officiers haut-placés de la R.A.F. sont pleinement confiants que nous serons en mesure de confronter l'envergure élargie des attaques, et nous ne doutons pas que la nation, toute entière, prenant nos aviateurs comme exemples, sera fière de partager les dangers auxquels ils font face."

Les Australiens, eux aussi, se trouvent à l'heure actuelle menacés par une invasion japonaise. Ils sont tout aussi confiants qu'était le peuple britannique au moment de l'épreuve la plus rude de sa longue histoire. Ils ont trouvé un élément de soutien tangible dans l'arrivée sur leur sol d'un nombre considérable de troupes américaines, d'avions américains et de leurs équipages, et dans l'assurance formelle donnée par le gouvernement des Etats-Unis qu'ils ne formaient que l'avant-garde d'un flot de renforts soutenu et grossissant.

L'Australie inspirée par MacArthur

La nomination du général MacArthur au commandement suprême de toutes les côtes forces alliées en Australie et dans le sud-ouest du Pacifique est une nouvelle inspiration pour les Australiens. Déjà ce soldat aguerri avait conquis l'entière confiance des forces australiennes. Comme il l'a déclaré à son arrivée, sa première mission est d'organiser l'offensive américaine contre le Japon. Ce sont là les mots qui ont trouvé l'approbation générale. Les Australiens ne demandent qu'à passer le plus rapidement possible d'une défense agressive à une offensive à outrance, afin d'amorcer la reprise du terrain abandonné ailleurs.

Succès alliés en Nouvelle Guinée

Déjà, l'aviation des Nations Unies a commencé une attaque systématique des terrains d'atterrissage ennemis. Mr. Curtin, le Premier Ministre australien, a publié le 23 mars une déclaration qui donne des détails sur les attaques d'avions australiens et américains sur les positions japonaises à Rabaul et à Lae. Cette déclaration confirme, en tous points, que l'opération a été une des attaques aériennes alliées les plus réussies, dans le Pacifique.

Ainsi, des pertes sévères ont été infligées à l'aviation de chasse japonaise, essentielle à toute tentative d'invasion. De plus, en raison de leur rayon d'action limité, les avions de remplacement ne peuvent pas être amenés à pied d'œuvre sur les aérodromes ennemis aussi rapidement que les bombardiers.

D'autre part, la Marine américaine a porté un coup aux Japonais dans le Pacifique, en bombardant le 24 février l'Ile de Wake, occupée par les Japonais, et en attaquant le 4 mars l'Ile Marcus, appartenant au Japon. Des dégâts importants ont été faits aux positions fortifiées, aux aérodromes ainsi qu'aux bateaux dans les ports.

Problèmes maritimes du Japon
DANS LE PACIFIQUE

DÈS les premiers jours de l'entrée en guerre du Japon, il était évident que le problème majeur du Haut Commandement nippon était de maintenir intactes ses lignes de communication avec les bases avancées. Ce fait, du reste, était reconnu par la presse allemande, qui soulignait l'importance primordiale pour le Japon de créer une importante flotte marchande. C'est ainsi que la *Frankfurter Zeitung* écrivait le 9 février dernier que le Japon avait besoin d'une flotte de 15 millions de tonnes, au minimum.

Or, le Japon ne disposait en 1939 que de 5.600.000 tonnes de bateaux marchands. Suivant les informations de source allemande, les Japonais ne se seraient emparés, jusqu'à ce jour, que de quelques 206.000 tonnes de bateaux alliés, prêts à être mis immédiatement en service.

Il est utile de mettre ces faits en lumière, au moment où les Japonais se préparent à reprendre leur poussée dans le Pacifique.

D'autre part, la situation d'ensemble, quoique toujours des plus fluides, a évolué en faveur des Nations Unies.

D'abord, la nomination du général MacArthur au poste de Commandant-en-Chef indique bien que la stratégie alliée est basée sur l'unification de toutes les forces disponibles. Ensuite, le monopole de l'air qu'avaient les Japonais dans le Pacifique est maintenant annulé par l'arrivée des bombardiers américains à grand rayon d'action, basés sur des aérodromes dont la défense est énergiquement organisée. Enfin, les opérations offensives des sous-marins américains dans les eaux japonaises portent des coups durs à la base même de tout le système de communications maritimes du Japon.

—et de l'Axe
EN MÉDITERRANÉE

L'AMIRAUTÉ britannique a publié le communiqué suivant:

"Deux sous-marins allemands, deux navires de ravitaillement, six schooners et un bateau à moteur transportant des troupes ont été attaqués avec succès par des sous-marins britanniques dans la Méditerranée.

"Un sous-marin italien du type *Argonauta*, a été torpillé et coulé dans les approches sud du Détroit de Messine par un sous-marin britannique. Le même sous-marin a torpillé et presque certainement coulé un gros navire d'approvisionnement fortement escorté.

"Six gros schooners, l'un deux battant le pavillon allemand, ainsi qu'un gros navire à moteur chargé de troupes, ont été coulés à coups de canon par un de nos sous-marins.

"Le nouveau gros sous-marin italien *Ammiraglio Millo* a été coulé au large de la pointe de Salo, en Calabre, par un sous-marin britannique. Le sous-marin a essuyé, sans résultat, le feu de mitrailleuses à terre."

F 29

News leaflet dropped by the RAF and distributed by Resistance networks

Source: National Library, Canberra

Hitler; banned as illegal from 1939, it was also forced to pursue its activities clandestinely. By the same token, however, when the invasion of the USSR allowed it to consider the Germans as enemies, it was able to rely on an already established underground organization. Despite obvious ideological differences, the USSR gave broad recognition to de Gaulle's Comité National Français, a fact which encouraged what was most often effective co-operation between communist and gaullist networks in France.

Each of the following texts shows a different aspect of the Resistance: the timid beginning of attitudes of passive resistance, that would eventually grow into full-scale intellectual rebellion and a flourishing clandestine press; the bravery with which these activists, once caught, faced almost inevitable death; the enthusiastic comradeship and hope, as the time of liberation drew near.

TIMID BEGINNINGS

Throughout the Occupation, many French people adopted an attitude of passive resistance, or made modest gestures of rebellion. Jean Guéhenno[47] gives a number of examples, such as showing a spirit of mourning by wearing black ties or ribbons, or alternatively, showing patriotism by wearing the colours of the French flag, painting a V (for victory) on walls, or carving it into a tree – and even whistling the beginning of Beethoven's 5th Symphony, because '. . . —' is V in Morse Code!

Such attitudes were sustained by underground newspapers, the first of which began to appear in the autumn of 1940, and which, by the end of the Occupation, included over a thousand different titles.[48] Sometimes they were no more than roneotyped sheets, although the more important papers – such as *Combat, Le Franc-Tireur, Libération* – were properly printed, and at considerable risk: many clandestine journalists and artisans were caught and deported.

The editor of *Libération*, Jean Texcier (1888–1957) was the author of the following tract, which was written in July 1940 and distributed, as it

suggests it should be, by individuals copying it and passing it on. A civil servant, artist, and literary critic for the socialist press, Texcier would become one of the boldest leaders of intellectual resistance. His strength of character and his wit are already evident in this first text, where he advises his fellow-countrymen on the best type of behaviour to adopt towards the occupying forces.

Conseils à l'occupé

Les camelots[49] leur offrent des plans de Paris et des manuels de conversation, leurs cars déversent leurs vagues incessantes devant Notre Dame et le Panthéon; pas un qui n'ait, vissé dans l'oeil, son petit appareil photographique. Ne te fais pourtant aucune illusion: CE NE SONT PAS DES TOURISTES.

Ils sont vainqueurs. Sois correct avec eux. Mais ne va pas, pour te faire bien voir, au devant de leurs désirs. Pas de précipitation. Ils ne t'en sauront, au surplus, aucun gré.

Tu ne sais pas leur langue, ou tu l'as oubliée. Si l'un d'eux t'adresse la parole en allemand, fais un signe d'ignorance, et, sans remords, poursuis ton chemin.

S'il te questionne en français, ne te crois pas tenu de le mettre toi–même sur la voie en lui faisant un brin de conduite.[50] Ce n'est pas un compagnon de route.

Si au café, ou au restaurant, il tente la conversation, fais-lui comprendre poliment que ce qu'il va te dire ne t'intéresse pas du tout.

S'il te demande du feu, tends ta cigarette. Jamais, depuis les temps les plus lointains, on n'a refusé du feu – pas même à son ennemi le plus immortel.

S'ils croient habile de verser le défaitisme au coeur des citadins en offrant des concerts sur nos places publiques, tu n'es pas obligé d'y assister. Reste chez toi, ou va à la campagne écouter les oiseaux.

Depuis que tu es «occupé» ils paradent en ton déshonneur. Resteras-tu à les contempler? intéresse-toi plutôt aux étalages. C'est bien plus émouvant, car, au train où s'emplissent leurs camions, tu ne trouveras bientôt plus rien à acheter.[51]

Ton marchand de bretelles a cru bon d'inscrire sur sa boutique: «Man spricht deutsch»;[52] va chez le voisin, même s'il paraît ignorer la langue de Goethe.

Si tu vois une fille[53] en conversation d'affaire avec l'un d'eux, ne t'en offusque pas. Ce garçon en aura juste pour son argent. . . qui ne vaut rien. Et dis-toi bien que les trois quarts des Français ne se montreraient pas avec cette fille plus délicats que ce blondin de la Forêt Noire.

Devant le marivaudage[54] d'une de ces femmes que l'on dit honnêtes, avec un de tes occupants, rappelle-toi qu'au-delà du Rhin, cette jolie personne serait publiquement fouettée. Alors, en la détaillant, repère soigneusement la tendre place, et savoure d'avance ton plaisir.[55]

Si la nécessité veut que tu t'adresses à une de ces sentinelles de bronze qui veillent aux Kommandantures, ne te crois pas tenu de te découvrir, comme je l'ai vu faire. Porte sobrement l'index à la hauteur de ton couvre-chef. Sois ménager de tes grâces.

C'est entendu. Ils savent chanter en choeur et d'une voix juste. Mais c'est au commandement, comme pour un exercice respiratoire. Chez nous, le soldat chante faux et rarement en mesure. Mais il ignore la corvée du chant. Il chante quand ça lui chante.[56]

La lecture des journaux de chez nous n'a jamais été conseillée à ceux qui voulaient apprendre à s'exprimer correctement en français. Aujourd'hui c'est mieux encore, les quotidiens de Paris ne sont même plus PENSÉS en français.

Abandonné par ta T.S.F.,[57] abandonné par ton journal, abandonné par ton parti, loin de ta famille et de tes amis, apprends à penser par toi-même. Mais dis-toi que, dans cette désolation entretenue, la voix qui prétend te donner du courage est celle du Dr. Goebbels.[58] Esprit abandonné, méfie-toi de la propagande allemande.

Ils sont très «causants». Ayant caressé les enfants, ils sourient à la mère et bientôt gémissent sur le sort de la France. Alors suit le boniment: «Pauvres Français, vous avez été entraînés dans une funeste guerre par un gouvernement de coquins à la solde de l'Angleterre» – et ils récitent leur couplet à n'importe qui, à propos de n'importe quoi. […]

A l'autre guerre, on les a tout de suite appelés «les Boches».[59] Ce n'était pas très élégant. Cette fois, on s'est contenté de dire simplement: les Allemands. Progrès certain dans la tenue, si, à ce souci de correction, ne s'était mêlé chez beaucoup comme un secret désir d'abandon.

Aujourd'hui qu'ils sont, partout, aux champs comme à la ville, un surnom leur est venu: les doryphores.[60] […]

Etale une belle indiference. Mais entretiens secrètement ta colère. Elle pourra servir.

Je connais un philosophe qui, las comme toi de les voir circuler à pleins camions, a trouvé un curieux moyen de se consoler: Nous avons fait vraiment trop de prisonniers, soupire-t-il simplement.[61]

L'Aigle allemand marche pompeusement et c'est le pas de l'oie. Partant en guerre contre l'Angleterre il chante avec ostentation. Et c'est peut-être le chant du cygne.[62]

Comme jadis dans les Ardennes, voici Paris renseigné et conseillé par les gazettes de leur confection. Bien peu de signatures, mais s'il est vrai que «le style c'est l'homme», tous les articles sont signés: Ferdonnet.[63] […]

Leurs docteurs leur avaient dit que Paris était à la fois Sodome, Gomorrhe et Babylone,[64] que les délices de la chair s'y mêlaient affreusement aux plaisirs de la table et que tous les vices du monde s'y donnaient rendezvous. Sans doute n'est-ce pas seulement pour avoir leur part de luxures qu'ils ont mis tant d'empressement à gagner cette ville perdue. En tout cas aujourd'hui, ils baffrent dans les bons restaurants, sirotent à la terrasse des grands cafés, vident les confiseries, dévalisent les rayons de lingerie pour dames, etc, etc; dans les librairies spéciales, il n'y aura pas assez de photos d'art[65] pour satisfaire la friandise de ces soldats […]

Prends patience. Ni Sodome, ni Gomorrhe, pas même Babylone. Peut-être tout simplement Capoue.[66]

Tu me dis que, dans cette impressionnante et victorieuse organisation, faite surtout de discipline, si tu découvrais une faille tu respirerais mieux, car ce serait un mécanisme plus humain, et, partant, plus destructible. Très juste. Mais tu m'annonces aujourd'hui, d'un air triomphant qu'ils ne prennent pas toujours les clous pour traverser la chaussée,[67] et qu'ils négligent bien souvent de passer par le portillon du métro. Je te croyais plus sérieux.

Un citoyen romain acheta, pendant qu'Annibal assiégeait la ville, un bout de terrain sur lequel campaient les Carthaginois. Il savait qu'Annibal n'était là qu'en passant.

Une dame que leur vue rendait au début littéralement malade me dit aujourd'hui d'un ton dégagé: «Je crois bien que je finis par ne plus les voir.» Maintenant qu'elle digère tout si facilement, j'ai envie de mordre cette somnambule.[68]

Tu grognes parce qu'ils t'obligent à être rentré chez toi à 24 heures précises.[69] Innocent, tu n'as pas compris que c'est pour te permettre d'écouter la radio anglaise.

Tu en as déjà vu de toutes les couleurs: les verts, les gris, les noirs se sont présentés les premiers: c'étaient les militaires. Puis sont venus les moutardes, avec au bras une bague rouge comme en ont les cigares. C'était les militants. Voici venir les sans couleurs. Ils arrivent par paquets, avec leurs petits et leurs femmes. A les voir, tu jurerais des civils. Vêtus de pacifiques vestons et de paisibles jupons, ils logent dans ta maison, écoutent à ta porte, épient tes gestes, dénoncent tes propos. Ils sont insonores. Aussi, quand ils marchent près de toi, n'entends-tu pas ce fameux bruit de bottes, qui, en faisant dresser l'oreille, te ferme automatiquement la bouche.

Méfic-toi dc tous. Aussi de toutes.

En prévision des gaz on t'a fait suer sous un groin de caoutchouc et pleurer dans des chambres d'épreuve.[70] Tu souris maintenant de ces précautions. Tu es satisfait d'avoir sauvé tes poumons. Sauras-tu maintenant préserver ton coeur et ton cerveau?

Ne vois-tu pas qu'ils ont réussi à vicier l'atmosphère que tu respires, à polluer les sources auxquelles tu crois pouvoir encore te désaltérer, à dénaturer le sens des mots dont tu prétends encore te servir?

Voici venue l'heure de la véritable DEFENSE PASSIVE.

Surveille tes barrages contre leur radio et leur presse.

Surveille tes blindages contre la peur et la résignation faciles.

Surveille-toi.

Civil, mon frère, ajuste avec soin ton beau masque de REFRACTAIRE.

Inutile d'envoyer tes amis acheter ces CONSEILS chez le libraire.

Sans doute n'en possèdes-tu qu'un exemplaire et tiens-tu à le conserver.

Alors fais-en des copies que tes amis copieront à leur tour.[71]

Bonne occupation pour des occupés.

Source: Text based on a typewritten copy held by the National Library, Canberra

'LE PARTI DES FUSILLÉS'

Active resistance took many forms, from sabotage of the railway system and communication networks to straight-out armed engagement with German soldiers or the Milice. Resistance numbers swelled considerably after February 1943, with the introduction of the *Service de Travail Obligatoire* (STO): many young men preferring to join the underground than to be sent to Germany. (A few also chose to join the Milice.) German response to what was called 'terrorism' consisted in the execution of hostages and/or destruction of villages. Among the hostages, communists were disproportionately numerous. Adding the number of hostages to those who died in concentration camps or fighting for the Party's military wing (the Francs Tireurs Partisans, or FTP), the historian David Caute suggests a figure of 60,000 communists dead in the Resistance cause.[72]

The following letters were written from prison by an agronomist who became a lieutenant-colonel in the FTP, Pierre Lamandé. He writes to his wife and his children on thc day of his execution. The letters express his courage and his love, and they reflect his calm and simple certainty about the value of sacrificing his life so that France might be 'libre et heureuse'.

Last words

Fresnes, le 6 octobre 1943

Ma chère petite femme,

Je viens d'apprendre que je serai fusillé aujourd'hui à quatre heures. Je ne te demande pas d'être courageuse, je sais que tu l'es, mais je te demande d'être fière de ton mari, car il meurt parce qu'il a voulu que la France soit libre et heureuse et que volontairement il a donné sa vie pour défendre son idéal; je sais que la lutte que nous avons entreprise ne sera pas abandonnée et que bientôt la victoire viendra couronner notre sacrifice.

Ma chère petite femme, je suis triste de te quitter, mais je t'ai toujours aimée depuis quatre ans et le souvenir de notre grand amour sera pour toi, j'en suis sûr, d'un grand réconfort. Nos chers petits sauront te donner tout l'amour que je ne pourrai t'accorder. Je les ai bien aimés et je te demande de plus les aimer encore en souvenir de moi.

Tu sauras les élever selon les principes suivant lesquels nous avons vécu et je suis heureux de penser qu'ils connaîtront le bonheur et la vie libre pour laquelle nous avons lutté. Ils verront enfin cette France libre et heureuse.

Ma chère petite femme, je voudrais encore te dire combien je t'ai aimée et combien ton amour pour moi fut une joie et un soutien; le souvenir des jours heureux que nous avons vécus ensemble, le souvenir des jours de peine que nous avons partagés restent pour moi ma dernière joie. Je regrette de te laisser ainsi seule au début de la vie, mais nos chers petits sont le meilleur gage de notre amour.

Ma chère petite femme, je ne te demande pas de m'oublier; mais je voudrais que ta douleur ne soit pas trop longue et que tu reprennes courageusement et gaiement le chemin de la vie.

Jusqu'au dernier moment, tu auras été pour moi ma grande joie et ma dernière pensée. Dis bonjour et courage à tous nos amis, la victoire approche, mon souvenir à tes parents.

Ma chérie, je t'embrasse tendrement mille et mille fois, mon amour.

PIERRE

Fresnes, le 6 octobre 1943

Mes chers petits enfants,

Votre papa vous envoie cette dernière lettre en priant votre chère maman de vous la lire quand vous serez plus grands.

Votre papa va être fusillé parce qu'il a voulu que notre chère France soit libre et heureuse. Je vous abandonne alors que vous connaissez à peine cette terre, mais je vous laisse la meilleure et la plus aimante des mamans. Elle saura vous donner tout l'amour auquel vous avez droit et elle vous guidera pour que vous soyez de vrais Français, dont votre papa aurait pu être fier.

Sachez que donner sa vie pour son pays n'est pas seulement un sacrifice, mais qu'il est aussi la meilleure preuve de l'espoir que notre pays sera un jour parfaitement libre et heureux.

Ma chère petite Anne-Marie, je te connais bien, je sais que tu n'est pas seulement une jolie petite fille, mais que tu aimais aussi beaucoup ton papa. Il te le rendait bien, ma petite chérie. Je te demande de bien aimer ta maman, et de l'aider de toutes tes petites forces, car sa tâche sera rude.

Mon cher petit François, je t'ai quitté quand tu ne marchais pas encore, mais tu montrais déjà que tu m'aimais bien. Je sais que tu es intelligent et courageux et que tu seras bientôt digne d'être chef de notre chère petite famille.

Mon cher petit Jean, je ne t'ai vu qu'une fois, mais j'ai vu que tu seras un garçon beau et intelligent. Je te demande de consoler ta maman par tes sourires et tes baisers, et de grandir vite en taille et en sagesse.

Mes chers petits enfants, je vous quitte bien jeunes, mais je vous laisse le meilleur devoir: celui d'être les dignes enfants d'un homme qui voulut lutter jusqu'au bout pour que vous soyez heureux.

Courage, mes chers petits, votre papa vous embrasse bien fort et vous souhaite la vie heureuse et libre qu'il a voulu vous donner.

PAPA

Source: From Jacques Duclos préf., *Lettres de fusillés*, Paris, Ed. Soc. 1970 (first edn 1958), pp. 107–10 (Messidor)

A symbolically more significant execution was to take place a few months later, with the death of a group of twenty-three foreign Jews, most of them members of a Paris region communist resistance movement[73] led by Missak (Michel) Manouchian, a 33-year-old Armenian. Committed to the international liberation movement, Manouchian's 'bande', in the second half of 1943, had taken part in dozens of acts of armed resistance, including the derailing of troop trains, attacks on German patrols, and the elimination of high-level Nazi officials.

After a savage propaganda campaign, which culminated in the printing of a bright red poster that was stuck on walls all over Paris, Manouchian and his comrades were subjected to a noisy trial, and shot on 21 February 1944. In 1955, a street in north-east Paris was named after the group, which occasioned a poem by Louis Aragon (1897–1984) which begins thus:

Vous n'avez réclamé la gloire ni les larmes
Ni l'orgue ni la prière aux agonisants.
Onze ans déjà! Que cela passe vite, onze ans.
Vous vous étiez servis simplement de vos armes.
La mort n'éblouit pas les yeux des partisans.

Vous aviez vos portraits sur les murs de nos villes.
Noirs de barbe et de nuit, hirsutes, menaçants.
L'Affiche, qui semblait une tache de sang
Parce qu'à prononcer vos noms sont difficiles,[74]
Y cherchait un effet de peur sur les passants.

Manouchian's letter to his wife – his friend and comrade – is full of confidence and generosity, a mixture of intensely personal sentiment and of hope for a better life for those he is leaving behind.

21 février 1944

Ma chère Méline,
Ma petite orpheline bien-aimée,

Dans quelques heures je ne serai plus de ce monde. Nous allons être fusillés cet après-midi, à quinze heures. Cela m'arrive comme un accident dans ma vie; je n'y crois pas, mais pourtant je sais que je ne te verrai plus jamais. Que puis-je t'écrire? Tout est confus en moi et bien clair en même temps.

Je m'étais engagé dans l'armée de la libération en soldat volontaire et je meurs à deux doigts de la victoire et du but.

Bonheur à ceux qui vont nous survivre et goûter la douceur de la liberté, de la paix de demain! Je suis sûr que le peuple français et tous les combattants de la liberté sauront honorer notre mémoire dignement. Au moment de mourir, je proclame que je n'ai aucune haine contre le peuple allemand. . . Chacun aura ce qu'il mérite comme châtiment et comme récompense. Le peuple allemand et tous les autres peuples vivront en paix et en fraternité, après la guerre qui ne durera plus longtemps. Bonheur à tous.

J'ai un regret profond de ne t'avoir pas rendue heureuse. J'aurais bien voulu avoir un enfant de toi, comme tu le voulais toujours. Je te prie donc de te marier après la guerre, sans faute, d'avoir un enfant pour accomplir ma dernière volonté. Marie-toi avec quelqu'un qui puisse te rendre heureuse. Tous mes biens et toutes mes affaires, je te les lègue, à toi, à ta sœur et à mes neveux. Après la guerre, tu pourras faire valoir ton droit à la pension de guerre en tant que ma femme, car je meurs en soldat régulier de l'armée française de libération.

Avec l'aide des amis qui voudront bien m'honorer, tu feras éditer mes poèmes et mes écrits. . . Tu apporteras mes souvenirs si possible à mes parents en Arménie. Je mourrai tout à l'heure avec mes vingt-trois camarades, avec le courage et la sérénité d'un homme qui a la conscience bien tranquille. . .

Aujourd'hui, il y a du soleil. C'est en regardant le soleil et la belle nature que j'ai tant aimée que je dirai adieu à la vie et à vous tous, ma bien chère femme, et mes bien chers amis. . . Je t'embrasse bien fort, ainsi que ta sœur et tous les amis qui me connaissent de loin ou de près.

Je vous serre tous sur mon cœur. Adieu.

Ton ami, ton camarade, ton mari.

Michel MANOUCHIAN

Source: From Jacques Duclos préf., *Lettres de fusillés*, Paris, Ed. Soc., 1970 (first edn 1958) pp. 117–19 (Messidor)

TOWARDS LIBERATION

The most glorious, and most dangerous, months of the internal resistance were from mid-1943 until the liberation, when the now well-organized and unified Forces Françaises de l'Intérieur (FFI) had been moulded into such a serious menace to the occupying forces and to Vichy's sense of 'order', that massive reprisals were launched, with thousands of people being arrested and imprisoned, deported, or sometimes simply executed on the spot.

The *maquis*, so called for the bushy countryside that lent itself readily to hiding, became the name of a vast network of underground camps and organizations, where resistance fighters trained, planned operations, sent and received radio information, co-ordinated the parachute drops of men, supplies and arms. Often in remote areas, beyond the normal reach of German or French patrols, the *maquisards* were forced to rely on villagers and farmers for their security and provisions. Such arrangements were not always easy, for the threat of reprisals made the country people wary, even if they had no pro-German sympathies.

Jean Guéhenno[75] records descriptions of *maquis* life sent to him by a young friend.

> Après le village il faut encore deux heures de marche. . . brusquement on découvre le camp: Des hommes en costumes bizarres. Une cuisine abritée de tôle, près de laquelle pend une vache dépecée. Une lessive cuit sur trois pierres. . . Quelque chose d'intermédiaire entre le cantonnement militaire et le campement des bohémiens. Mais un air pur à travers tout cela, il n'existe point

> ici d'autre règle que notre honneur. Voici des hommes libres. Lorsqu'on leur demande pourquoi ils sont ici, la réponse est parfois lente à venir et mal dégrossie et pourtant elle est toujours la même. En vérité bien peu ont réfléchi à leur décision. Simplement il était inconcevable pour eux d'aller ailleurs. Partir en Allemagne était une honte que, par caractère, ils ne pouvaient subir.

And again:

> Les camps sont très divers. Tantôt le camp est autochtone; un instituteur ou un postier qui avaient du caractère ou «faisait de la politique» avant-guerre, ont pris la montagne, entraînant derrière eux quelques jeunes gens du pays. Tantôt le camp a été créé de toutes pièces sur une base quelconque, militaire, confessionnelle, industrielle et le recrutement est varié. . . Mais quel soit le camp, on pénètre dans un monde séparé qui a sa structure, sa hiérarchie, ses mythes, son inconscient propre, un monde où la rupture des cadres légaux a permis la résurgence d'un fond ancien et qu'on pouvait croire à jamais enseveli, un monde féodal où, plutôt qu'un grade, on possède une région, où le vassal mesure sa force au nombre de ses hommes et croit parfois devenir suzerain, où les hommes obéissent par une sorte d'allégeance bizarrement mêlée de contrainte, où se rend une justice, hors les codes, hors les lois, toute livrée à l'appréciation humaine.

Among the abundant fictionalized accounts of resistance adventures that appeared just after the liberation, Elsa Triolet's[76] collection of stories, *Le Premier Accroc coûte deux cents francs* (Paris, 1945) was typical. Some of the stories had in fact appeared during the war in the famous *Editions de Minuit*, which began in 1941 as a clandestine publishing venture initiated by Vercors, whose own novel, *Le Silence de la mer*, is also a classic of resistance literature. The title story of Triolet's collection takes its name from the coded message that announced the Normandy invasion in June 1944. It tells of a night-time parachute drop of weapons, and of a subsequent German reprisal against the village suspected of the crime. The following extract deals with the latter, and includes a (probably fictional) tract that urges the villagers to continue to support the Resistance, despite the oppression they have suffered. *Le Premier Accroc* won the first post-Occupation Goncourt Prize.

Le premier accroc

Au secours! Ils jouent à leurs jeux habituels. Les hommes au piquet, les bras en l'air. On les bat avec des cordes mouillées. Le petit blessé de la maison du boulanger gît dans le jardin, les jambes tailladées, les yeux arrachés, la tête écrasée. Ils sont ivres, ils renversent les femmes, les jeunes, les vieilles, les petites filles; les doigts dans la bouche, ils sifflent et d'autres viennent, dix pour la même... Au secours! Ils pillent, saccagent, volent...

Ils montent dans les côteaux. Ils mettent à sac les fermes, tuent le bétail, lancent les oeufs contre les murs, les écrasent, s'empifrent de fromage, mordant dans une pile de trois, quatre à la fois, ils tiraillent à droite, à gauche, sur les fuyards, au petit bonheur... L'orée du petit bois est parsemée de balles, mais ce bosquet innocent et parfumé a bien caché les dormeurs et leurs rêves. Comme la caverne a gardé le secret des armes parachutées la nuit,[77] et pourtant les traces profondes des roues dans la cour de la ferme pillée y menaient tout droit. Ils tirent sur cet homme qui sort de sa maison et ne comprend rien et tombe, ils tirent sur cette femme, sur ces enfants qui traversent la grande pelouse devant le château, qui sautent le mur, courent dans les champs...

Vers le soir, des camions venus à vide quittent le village, chargés de meubles, de bicyclettes, de radios. Les quinze cents Boches démarrent, emmenant des otages.

L'énorme gâchis. Les trous béants des portes, des fenêtres enfoncées à coups de crosse. Tout le monde y a passé: ceux qui aiment les Boches et ceux qui ne les aiment pas, ceux qui n'ont «rien à se reprocher» et ceux qui ont «tout» à se reprocher.[78] Toutes les maisons sont bouleversées comme celle-ci, quittée avec quelle hâte le matin même, et où l'on rentre maintenant par la brèche dans la porte. Les cendres de la cuisinière répandues par terre grincent sous les pieds... les meubles sont renversés, cassés, les armoires vides, les tiroirs sortis et retournés... Une forte odeur de roses fanées flotte dans cette maison du crime: elles traînent par terre, dans les cendres, écrasées, aplaties comme entre les pages d'un livre. C'est *eux* qui les ont laissé tomber ici, ces roses arrachées à quelque jardin à nous et qui, généreuses, parfument le cauchemar.

Et cette autre maison, obscure, dans un parc crépusculaire... Le docteur[79] traverse la pelouse entourée de grands arbres, il pousse la porte: les volets sont fermés, il veut allumer, mais l'électricité ne marche pas... il trébuche sur des effets épars, marche dans le vin renversé, met les mains dans le miel poisseux qui coule partout. Il y a par terre des matelas, il y a sur les matelas des formes... Qu'est-ce que c'est?... Ce n'est pas?... Ça ne peut pas! Non, ce n'est pas! Dieu soit loué. Ce ne sont que des effets épars. Les grands placards béants sont vides; les matelas par terre, éventrés, tout ce qui a pu être cassé, brisé, renversé est cassé, brisé, renversé... Toutes les choses délicates apportées ici du parachutage de la veille, le poste émetteur, les instruments de chirurgie, les vivres, ont disparu... Mais où sont la femme, les enfants? Où sont-ils? Où?[80]

Je m'arrête pour ne pas répondre, je m'arrête au seuil de la plus grande horreur...

Le village meurtri, saccagé, pillé, est amolli par la peur. Il lui restait encore juste assez de force pour maudire. Ceux qui aimaient les Boches, et ceux qui se croyaient à l'abri parce qu'ils n'avaient «rien à se reprocher», les collaborateurs, les trembleurs, les prudents, ceux qui ne vivent que pour vivre tranquilles eux et la famille, et jamais qu'à la petite semaine, à ceux-là, il leur fallait quelqu'un à qui s'en prendre, quelqu'un qu'on pourrait haïr sans danger, quelqu'un de la famille, avec qui il n'y a pas besoin de se gêner, les vaincus d'avance, les désarmés, les va-nu-pieds, ceux qu'on appelait les Dissidents, les Réfractaires, les Patriotes ou simplement les Jeunes... La Résistance, ce ramassis de vauriens, cette racaille, ces bandits, la Résistance, que le diable l'emporte![81]

Dans le village, maintenant presque toujours

aussi vide que le jour atroce de l'attaque, où furètent des personnes étrangères au pays, dans la rue et les ruelles si vilaines avec ces planches qui remplacent les vitres brisées, les ménagères levées au petit jour trouvent, sous leur porte enfoncée, des petits papiers. La Résistance, l'espoir chevillé au coeur, tenace, obstinée, la Résistance, ceux qui avaient «quelque chose à se reprocher» parlaient encore et encore à ceux qui n'avaient «rien à se reprocher».

Quelqu'un veillait, quelqu'un allait la nuit, furtif et insaisissable, porter de porte en porte l'esprit de la Résistance, quelqu'un essayait encore de convaincre et l'expliquer:

VOUS QUI AVEZ SOUFFERT, RESISTEZ

Populations civiles éprouvées par les expéditions terroristes des Boches; populations pillées, ruinées, bafouées, souillées par les soldats de l'armée allemande aux instincts plus bas que ceux des bêtes; populations des villes, des villages, des campagnes de France, essayez de ne pas perdre courage: ceci est la dernière étape avant la libération. L'étape la plus dure, car, avant de partir, l'occupant jette définitivement le masque et nous montre la vraie figure des hommes qui se sont laissé gouverner par Hitler...

Quatre années de malheur nous ont prouvé que la trahison, la lâcheté, ne payent pas, qu'il ne sert à rien d'accepter, de plier. La preuve est faite que les Allemands ne tiennent pas leur parole, que même les misérables clauses de l'Armistice n'ont pas été respectées. Qu'on ne vienne pas nous dire encore qu'il faut les amadouer! Qu'on ne vienne pas nous dire que c'est la Résistance qui est responsable des atrocités commises par les expéditions terroristes des Boches! *Ce n'est pas la Résistance qui a créé l'oppression, c'est l'oppression qui a soulevé la Résistance.*

On nous a demandé de vivre à plat-ventre; nous n'y avons gagné que des centaines de milliers de martyrs, prisonniers et fusillés, la déportation et le travail forcé. Aujourd'hui, qui pourrait croire à la magnanimité de «notre gracieux vainqueur»?

Ne sapez donc pas la Résistance, et c'est déjà la saper que de parler contre elle: si dans votre ville, dans votre village, dans votre ferme, out pu se produire des faits regrettables dus à la jeunesse, à l'inexpérience, à l'organisation hâtive, essayez de les redresser et non de vous en servir pour entraver l'action des Patriotes. Ne vous faites pas l'écho de la propaganda du docteur Goebbels, vous qui savez que la Résistance, composée de vos fils, de vos maris, de vos frères, n'est pas une horde de bandits, mais la jeune armée française. La condamner serait condamner le peuple français tout entier, puisque la France tout entière est aujourd'hui debout pour faire ce qu'on l'a empêchée de faire en 1940: se défendre et se libérer. Et gare à ceux qui sont toujours du côté du plus fort, gare à ceux qui traitent aujourd'hui la Résistance de racaille, pour crier aux héros une fois la victoire acquise!

Songez que, déjà, l'armée allemande recule sur tous les fronts, que ses forces morales sont ébranlées et que, dans ces conditions, les effectifs dont dispose l'ennemi sur le front intérieur français ne sont aucunement ce qu'on veut nous faire croire: les Boches ne peuvent plus être partout à la fois; et aujourd'hui, quand, contre un village ou une ville désarmé, ils tentent une manifestation de force dans le but de terroriser, ce n'est qu'en dégarnissant gravement les secteurs environnants, parfois un département tout entier, qu'ils y parviennent.

Par conséquent, cessez de dire: «Nous sommes trop faibles, nous n'avons pas d'armes, nous n'avons qu'à nous laisser exterminer». Ce n'est pas vrai. Déjà, les Forces Françaises de l'Intérieur tiennent, sur de nombreux points, l'envahisseur en échec; aidez-les à raccourcir la durée de la guerre. La non-résistance ne peut que la prolonger, la rendre plus sanglante. Que chacun de vous aide la Résistance selon ses moyens, si limités qu'ils soient. Il n'y a pas de petite tâche: le patient travail des fourmis vient toujours à bout de la charogne qui semble écraser la fourmilière.

Rappelez-vous les paroles sacrées:

Entendez-vous dans nos campagnes
Mugir ces féroces soldats!
Ils viennent jusque dans nos bras
Egorger nos fils, nos compagnes!
Aux armes, citoyens!...

Rien n'est changé depuis les temps qui virent naître la *Marseillaise*. Mais, si dans ses vers nous retrouvons la description frappante des spectacles atroces que nos yeux voient aujourd'hui, n'oublions pas qu'à ses accents un peuple qu'on prétendait incapable de se défendre, et qui improvisa à la fois ses armes et ses chefs, chassa du sol français une armée «moderne», une armée réputée invincible, l'armée prussienne mise en déroute à Valmy.[82]

Juin 1944

Elsa Triolet, *Le Premier Accroc coûte deux cents francs*, Paris, 1945, pp. 408–12, © Editions Denoël

63

5

Liberation, purge, and the quest for a new France

The complete liberation of France was a long process, lasting from before the allied invasion in Normandy of 6 June 1944, until the capitulation of Germany on 8 May 1945. Most of the country was, however, freed of the occupying forces by the end of 1944, with only a few pockets of German resistance remaining, on the Atlantic coast, and in the extreme east (see map 3).

Direct French participation in the liberation was considerable, with eight divisions of French soldiers (some 300,000 in all)[1] involved in the Allied invasions in Normandy and on the south coast. 'Operation Overlord', the code-name for the Normandy landings, included Leclerc's highly respected Second Armoured Division (1 August); and in the south, General de Lattre's forces, embarking from Italy and North Africa, joined with the Americans in 'Operation Anvil', which began on 15 August. Initially under strict American control, 'these armies, by their sheer valour and efficiency in battle, quickly earned significant independence of command and movement. It was Leclerc who, on 25 August, received the German surrender in Paris, where the local resistance forces had declared a general insurrection ten days earlier; and an even greater honour was reserved for de Lattre, who would be chosen to receive the final German surrender the following May.

The strength of these regular troops was increased by the addition of forces from the internal resistance movements. In many areas, particularly in the south, the FFI prepared the arrival of the Allies with well-coordinated attacks on German supply-lines and personnel, and had often effec-tively completed the liberation before the Allies arrived. As the Leclerc and de Lattre armies advanced, tens of thousands of FFI were integrated into them, achieving what became known as the '*amalgame*': the fusion of external and internal resistance forces into a powerful new French army.

The creation of this army was essential to de Gaulle's plans for safeguarding French sovereignty and his own political position. Already before the Normandy landings, he had transformed the Comité Français de Libération Nationale into a provisional government (the *Gouvernement Provisoire de la République Franç*aise – GPRF), and had travelled to the USA and Canada to assure recognition of its authority over liberated territory. This saved France from being placed under the regime of the Allied Military Government for Occupied Territories (AMGOT), and paved the way for full recognition of French sovereignty by the Allies in October.

De Gaulle's achievement in this respect was remarkable, for he was heartily disliked by the American president Roosevelt, and obliged to depend largely on his own obstinate determination in persuading Churchill and Eisenhower to let him have his way. When the Pétain–Laval government was forcibly removed by the Germans to the German town of Sigmaringen on 7 September 1944 (where it was followed by some two thousand motley collaborationists), de Gaulle was ready to take responsibility for an orderly continuity of govern-ment. Already received in triumph by the crowds of liberated Paris, he would become – at least for a time – the undisputed leader of the new France.

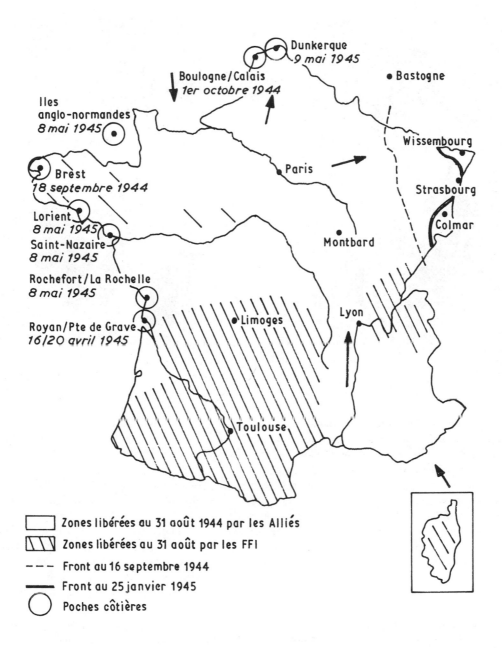

Map 3: Stages of the liberation

Adapted from Jean-Pierre Rioux, *La France de la Quatrième République*, Paris, 1980, p. 12.

A DROITE :

Cadavre calciné d'un homme aux jambes coupées.

A GAUCHE :

Le corps du maire, le Dr Paul Désourteaux, tué de deux balles au cœur.

Photographs of the Oradour atrocities
Source: National Library, Canberra

The country was in a disastrous mess. With its agricultural and industrial base completely dislocated by the four years of the Occupation, it was badly equipped to face the multiple urgent tasks confronting it: not only the continuing war, but the repatriation of its 2,500,000 prisoners and deportees from Germany, the rebuilding of its rail and road system, the establishment of a new constitution, etc. Further disorder was created by waves of revenge and retribution against those who had collaborated, or who were thought to have collaborated, with the Germans. Against a background of widespread and anarchistic executions,[2] a more careful policy of purge was evolved, which found its focus in a number of public and highly-publicized trials: of people like the talented writer Robert Brasillach (1909–45), as well as of the top Vichy political figures, Pétain and Laval. The difficulties and excesses of this period of 'Epuration' would leave deep and long-lasting scars, but it, too, was an integral part of France's liberation, and an unavoidable step in the search for a new national identity.

GETTING RID OF THE GERMANS

Although, after the bitter fighting of the Normandy landings, the Allies' advance drove the Germans steadily back towards their own soil, the occupying forces were not always easily dislodged. We have seen that some of the Atlantic coast enclaves held out until the ultimate surrender of the Reich. In Paris, it was only the personal decision of the military governor, Dietrich von Choltitz (1894–1966), to disobey Hitler's orders to blow up the city's bridges and major buildings that shortened the struggle.

Elsewhere, Hitler's ruthless aggressiveness continued to find expression in some of his troops, and nowhere more so than in the SS Division 'Das Reich', which in the weeks after the Allied landing perpetrated some of the most horrendous crimes of the war. Impeded, by the FFI, in its attempts to rush north from the Limoges region to join the defence against the Allied invasion, it reacted with unusual savagery. In Tulle, it executed 99 innocent hostages, by hanging them from trees, lamp-posts, and balconies; and it deported 2,500 more, to Dachau, of whom 326 would survive. Worse still, on the following day (10 June 1944), 'Das Reich' undertook the destruction of the entire village of Oradour-sur-Glane, which had no resistance connections at all. In a day-long riot of massacre and burning, over 640 civilians, including the women and children, were shot or burned, and over 250 buildings destroyed, including the church, in which the women and children had been slaughtered. When the handful of survivors told the story, Oradour became the emblem of everything inhuman and loathsome about the German Occupation.[3]

The following text is the testimony of one of the five survivors who escaped from a barn where sixty-two villagers were gathered to be shot and burned. It was recorded by Pierre Poitevin, who reached the village in the days after the massacre, and published one of the first extended commentaries. The style is that of a formal statement.

Le témoignage d'un rescapé

Voici telles que je les ai recueillies à Oradour, dans leur nudité pathétique et pour servir de déposition, les déclarations complètes du jeune Robert Hébras, blessé et rescapé de la grange Laudy-Monnier:[4]

– Les Allemands arrivèrent vers 14 heures, venant de la route de Limoges, dans trois camions et trois autos-chenilles blindées. Deux autos-chenilles traversèrent le bourg, chargées chacune d'une dizaine d'hommes. Les autres véhicules restèrent sur le pont de la Glane.[5] Des deux voitures qui avaient parcouru la rue principale, l'une revint à son point de départ avec son chargement d'hommes, tandis que l'autre, dont les occupants avaient mis pied à terre roulait lente-

ment, dans les rues et les ruelles du bourg. Les S.S., la mitraillette au bras, allaient de maison en maison, ordonnant à tous ceux qu'ils rencontraient de se rendre sur la place du Champ-de-Foire où, en même temps que nous arrivèrent les écoliers accompagnés de leurs maîtres et maîtresses.

Aussitôt après, les hommes furent mis à part et les femmes, certaines avec des bébés sur les bras, dirigées sur l'église. Les deux curés, un Limousin, un Alsacien,[6] subirent le sort des hommes.

Après m'avoir rapporté la scène du Champ de Foire, M. Hébras poursuit:

– On nous ordonna de nous mettre en rangs par trois et de faire demi-tour. Nous faisions face aux trottoirs. Derrière nous, les Allemands armaient leurs mitraillettes. Ordre nous fut donné de nous asseoir à terre. Nous restâmes dans cette position pendant cinq minutes.

Après nous avoir ordonné de nous former par groupes de cinquante, les Allemands nous dirent:

– On va vous garder dans les granges pendant que nous perquisitionnerons.

Nous nous mîmes en marche. Les S.S. qui nous escortaient semblaient furieux. L'un de nous qui ne marchait pas assez vite reçut un violent coup de pied.

Quand nous arrivâmes devant la grange, trois d'entre nous furent désignés pour sortir les voitures qui s'y trouvaient. C'est à cet instant que j'entendis les premiers coups de feu qui furent tirés par les Allemands: quelques rafales de mitraillettes semblant venir des alentours du village.

On nous entassa dans la grange et deux fusils-mitrailleurs ou mitrailleuses genre «Maxim» furent apportés. L'une de ces armes fut posée à terre et braquée sur nous. Nous restâmes ainsi à discuter entre nous. On entendit crier quelques ordres. Un alsacien[7] qui se trouvait à mes côtés me dit:

– Je viens d'entendre qu'on ordonne d'armer fusils, mitraillettes et revolvers.

J'entendis alors une violente détonation venant du bourg. On eût dit l'explosion d'une bombe.[8] Les S.S. ouvrirent alors le feu sur nous avec toutes leurs armes pendant une demi-minute environ. Beaucoup furent touchés aux jambes. Les Allemands marchèrent alors sur les cadavres, achevant à coups de revolver tous ceux qui remuaient encore.

Ils nous recouvrirent alors de foin et de fagots et s'en allèrent. J'entendis alors des ordres donnés par un haut-parleur, semblant venir du centre du village.

Les Allemands revinrent un quart d'heure après en criant et semblant très excités. Ils mirent le feu au foin et aux fagots qui nous recouvraient, puis ils s'en allèrent.

C'est alors que, blessé de quatre balles au bras droit et d'une balle à la poitrine, je sortis du brasier et par une brèche de la porte me jetais dans une grange voisine. Là je retrouvais quatre camarades blessés qui avaient pris le même chemin que moi.[9] Nous montâmes sur un tas de fagots dans l'intention de nous y cacher. A peine y étions-nous parvenus qu'un Allemand vint y mettre le feu. La première allumette s'éteignit. Il en alluma une seconde, surveillant pendant quelques minutes le progrès des flammes et s'en alla. Nous sautâmes alors au bas du bûcher et partîmes en quête d'une cachette. Trois d'entre nous en trouvèrent une dans une étable à lapins. Nous y restâmes pendant trois heures. Nous sortîmes vers 7 heures du soir et traversâmes le cimetière pour gagner la campagne.

Nous rencontrâmes une jeune fille qui, comme nous, avait échappé au massacre. Elle nous soigna et réussit à extraire la balle qui était restée dans une des plaies de mon bras droit. Le lendemain j'étais en sûreté et un docteur me donna les soins que nécessitait mon état.

Source: P. Poitevin, *Dans l'Enfer d'Oradour*, Paris, Ed. du Chardon, 1944, pp. 196–8 (droits réservés)

In Paris, the Groult sisters celebrated the liberation with the carefree enthusiasm of people who had been deprived of life's comforts for a long time, and who had followed the decline of the Vichy government with increasing sadness and disgust. Benoîte had experienced additional suffering. Married in mid-1943 to Blaise Landon, she had lost her husband in the spring of 1944. Threatened by the STO, he had joined the 'maquis', and had died of wounds received in battle. For her, the liberation also provided some release from her personal grief and anger. In the following extract from the *Journal à quatre mains*, we see the young Parisian sisters discovering the Americans of the Liberation Army. Flora was now 19, Benoîte 24.

28 août 44

Cet après-midi, j'étais chez maman au faubourg et je regardais par la fenêtre: j'aperçus soudain un gentil petit Américain, comme dessiné par moi,[10] avec des cheveux blonds hérissés et des yeux de myosotis. Il s'essayait à être compris par plusieurs Français qui ne parlaient pas l'anglais. Mue par un sens du devoir (hum...), je suis descendue pour l'aider. Mamma mia! Il était beau! Juste ce que Flafla[11] aime: ces taches de ciel que sont les yeux bleus, et ces cheveux de paille fraîche... il cherchait un endroit pour manger et je l'ai invité à dîner.

C'est tout un nouveau langage que nous improvisons soudain. On peut leur parler, à ces soldats-là, on peut les aider! Fraternité chaude! Exquis espéranto[12] du cœur!

J'ai donc ramené ma proie à Vaneau.[13] Elle[14] voulait aussi se laver et on lui a donné «de quoi», et sans vergogne ni fausse honte, le premier Américain vivant qui ait fait ses ablutions chez nous a enlevé ses chemises, et toutes portes ouvertes, s'en est donné à cœur joie. Il avait un beau torse gras et beige «de vizir», comme dit maman. Ensuite, nous nous sommes mis à table et il a mangé sans y penser un de nos derniers œufs. Pouvait-il deviner, ce petit conquérant, qu'il ne nous en restait que quatre?

Willis Rackus est élève architecte; il parle peinture et musique avec talent et connaissance; nous écarquillons les yeux en famille et le trouvons à proprement parler génial de jongler avec les mêmes idées et les mêmes noms propres que nous. On a toujours eu l'impression en France, et en particulier chez nous, que nous vivons sur un petit îlot entouré de Hurons[15] ignares et candides. Mais il s'avère que les autres ont déjà entendu quelque part ce que nous pensions leur apprendre, s'ils parlent aussi d'époque bleue et de période dada,[16] *s'ils ont l'habitude de caracoler sur les mêmes chevaux de bataille que nous, qui nous sentons à nous seuls la patrie des arts et des lois, ah! mes amis, quelles retrouvailles! C'est nous qui devenons les ingénus et les princes Muichkine!*[17]

Après le dîner, nous avons raccompagné «notre» Américain dans sa jeep. Exquis d'être dans une jeep. Il reviendra nous voir: il l'a promis. Mais qu'il était beau, mon premier libérateur!

29 août 44

Ce soir, à l'imprévu, arrive Willis, qui nous amène du bacon et du stewed beef; il est resté un instant et nous avons parlé. Je l'aime beaucoup; il est intelligent. Et puis ces yeux, bleu mer, ces petites flaques d'eau claire dans un visage, les yeux! Et tout ce halo de mystère qui nimbe l'Etranger!

J'aime les étrangers, car c'est déjà une bonne dose d'étrange que de l'être. Parler anglais m'est une joie; et il m'émeut un peu ce grand conquérant irradiant de blondeur. On a discuté peinture et conception de la vie. Il m'a demandé si j'étais engaged. No, said she. Lui non plus. Il a le nez un peu rouge. Sans cela il serait très très beau garçon. Je garde pour la fin qu'il ait dit dans le noir en montant dans sa jeep: Good bye, dear. *Il part demain pour Rennes.*

C'est étrange ces hommes libres, à la peau hâlée, au regard innocent, aux manches relevées, qui se battent, tuent, font trois petits tours dans votre vie, et puis s'en vont.[18]

1er septembre 44

Deeze me téléphone ce soir pour me dire qu'il s'était engagé dans l'armé Leclerc. Petit pincement au cœur. Au revoir, étrange ami et inconnu. C'est bien de partir et je vous estime avec tendresse. Mais revenons à nos blonds moutons. Les questions toutes neuves, toutes rutilantes que l'on se pose quand on ne se connaît pas et qu'on a vécu à des milles l'un de l'autre! Ce sont des questions venues du fond du hasard, comme dit Rilke, et très émouvantes dans leur banalité.

Good bye, dear! O la fleur sans pareille posée parfois sur les plus petits des petits mots de tous les jours. . . et les phrases plus longues que le souffle lyrique des dames qui les écrivent.

Deeze, au revoir jusqu'à vous; je vous envoie mes pensées fidèles, tout ce que j'ai de plus vrai en moi, je vous le donne tendrement ce soir; et vous, l'étranger, je vous dédie les pensées claires qui poussent à la nuit tombée dans mon cœur.

Tout cela, dans dix ans, sera aussi ridicule, aussi illisible, aussi grotesque que ce qu'on dit des autres donzelles qui rêvaient à la nuit... à quoi rêvent les jeunes filles.

5 septembre 44[19]

Eh bien moi aussi, mon petit, j'au eu mon Américain! Et je jure que je ne l'ai pas cherché: il venait à moi, rue de Boulainvilliers, depuis Cleveland, Ohio, cherchant l'établissement de bains. Les bains ne fonctionnant pas le mardi, je l'ai emmené chez moi. Je me suis immédiatement sentie de plain-pied avec lui, comme si brusquement, l'autre sexe n'était plus l'ennemi. Il ne voyait pas plus loin que le bout de mes mots: je lui offrais un bain et il n'en inférait pas – comme l'eût fait un Français – que je lui ouvrais mon lit. Il était simple, gai, amical tout de suite et bien disposé à mon égard, comme devrait l'être le genre humain.

Il etait stupéfait que nous ayons manqué d'eau chaude et de savon et que nous ayons survécu. Il quitte Paris demain.

7 septembre 44

Avant de partir, mon Américain a déposé chez la concierge une boîte de six savons de luxe. Ces soldats vivent comme des cocottes.[20]

Premier courrier aujourd'hui, après trois semaines d'arrêt total et enfin une heure de gaz par jour, grâce à un stock de charbon donné par l'armée américaine. Mais toujours pas de métro et deux heures seulement de courant chaque soir.[21]

9 septembre 44

On vit dans un état d'excitation permanente. Les mêmes gens qui se saluaient à peine pendant ces années d'occupation se prennent aux épaules et se félicitent d'avoir vécu assez pour voir cela. Paris est toujours aussi plein de soldats, mais cette fois ce sont des soldats souriants, à qui l'on n'est pas obligé de faire la gueule. Tout nous paraît beau en eux: leur uniforme, leurs insignes qui ne sont plus ces tibias[22] et ces aigles, la clarté qu'ils ont tous dans le regard, cet air tranquille et de ne pas se poser de question sur leur présence ici et là. Ils sont boulevard de la Madeleine... Ils étaient l'an dernier sur la 5e avenue...? C'est la vie et c'est O.K.

On cherche à faire quelque chose pour eux, à se rendre utile et le vent nous pousse au Centre d'Accueil Franco-Allié où l'on demande des hôtesses et interprètes parlant anglais.

Après un interrogatoire serré sur ma famille, mes études et mon métier, j'ai été gratifiée d'une carte bistre *to identify Benoîte Landon, serving as a volunteer with the American Red Cross, as hostess. Authorized by Peirce A. Hammond, Club Director of the Rainbow Corner.*

Flora s'est inscrite aussi, ainsi qu'Eve et Joce Blanchet et plusieurs filles du collège d'Hulst, amies de Flora. Il y avait un monde fou. Les femmes et les jeunes filles sont toutes atteintes d'un désir rentré[23] d'être infirmières et de traîner dans les basques d'une armée. Ces flirts camouflés en service social nous comblent.

Il s'agira de piloter dans Paris, dans les magasins, musées, etc., des Américains dont on nous a permis de choisir d'avance la condition sociale. Flora s'est inscrite pour un artiste, un architecte ou un décorateur et moi pour un écrivain ou un universitaire. On doit nous téléphoner.

Dimanche 10 octobre 44

Nous avons été invitées à la première soirée franco-alliée du Rainbow Corner. *Franco:* c'était nous; rien que des femmes; *Alliée* par contre ne comportait que des hommes. Grande soirée mondaine où nous avons retrouvé bien des visages connus: Sylvie B. de M., Andrée Hénard et sa sœur, des filles à particule du faubourg Saint-Germain, bref un personnel infirmier tiré sur le volet et lancé en pâture[24] à tous les permissionnaires et militaires actuellement en transit à Paris. Il y a de tout et on papillonne avec délices de Jack à Joe. Il y a longtemps qu'on n'avait pas vu tant d'hommes à la fois! On s'aperçoit que beaucoup de filles se sont inscrites par vice ou par gourmandise et qu'elles ne savent pas dire autre chose que *lovely* et *yes, no* ne leur servant à rien. Mais toutes sont jolies et un soldat n'en demande pas plus sans doute.

Notre parfaite connaissance de l'anglais – nous avons un alibi, nous – attire du monde. Eve et Joce froufroutent[25] joyeusement. La chevelure dansante de Flora agit comme un aimant et, pour moi aussi ça fonctionne convenablement. Il y a de tout dans ces immenses salons du boulevard de la Madeleine: des Anglais qui ont toujours de drôles de têtes, des anomalies qui leur donnent un charme certain quand ils ne sont pas loupés[26] complètement. Des Américains, tous copies conformes d'un être idéal dont ils se rapprochent beaucoup, bien nourris, bien vêtus, bien portants. Qu'ils acceptent de se battre et qu'ils sachent vaincre paraît incroyable. Quoi? Ces belles vestes rampent sous des barbelés? Ces fines chaussures piétinent dans la boue?

Ah! les parents pauvres que sont nos pioupious[27] avec leurs croquenots[28] et leurs capotes kaki, raides comme des couvertures de train!

On a dansé; on a ri; on a bu du café au lait épais et délicieusement trop sucré, mangé des *dough-nuts* dégoulinants de beurre et on s'est senti admis, sans examen compliqué, dans un petit univers sans problèmes.

Comme la vie semble facile avec les Américains!

Tu ne les auras pas vus, mon Blaise déjà loin. Tu n'auras pas eu cette joie – tu es mort vaincu – c'est d'une injustice révoltante.

Source: Benoîte et Flora Groult, *Journal à quatre mains*, Paris, 1962, pp. 515–22, © Editions Denoël

The two following radio broadcasts by General de Gaulle offer a wider perspective and a greater overview of France's liberation. In the first, delivered just after Paris had regained its freedom, he already includes the major aspects of his vision for France. If liberating the nation's territory is the most obvious and urgent task, the rebuilding of the army, the reunification of the population, and the reconstruction of the political system and the economy are all means of securing France's sovereignty and prestige in the post-war period. In urging his fellow-countrymen and women to be patient, strong, resourceful and hard-working, he does not minimize the difficulty or complexity of the task. What he does play down, in his efforts to revitalize the country's battered morale, are those inner divisions that might work against unity.

29 août 1944

De Paris libéré, le général de Gaulle prononce l'allocution radiodiffusée suivante:

ALLOCUTION RADIODIFFUSÉE

Il y a quatre jours que les Allemands qui tenaient Paris ont capitulé devant les Français. Il y a quatre jours que Paris est libéré.

Une joie immense, une puissante fierté ont déferlé sur la nation. Bien plus, le monde entier a tressailli quand il a su que Paris émergeait de l'abîme et que sa lumière allait de nouveau briller.

La France rend témoignage à tous ceux dont les services ont contribué à la victoire de Paris; au peuple parisien d'abord, qui dans le secret des âmes n'a jamais, non jamais! accepté la défaite et l'humiliation;[29] aux braves gens, hommes et femmes, qui ont longuement et activement mené ici la résistance à l'oppresseur avant d'aider à sa déroute; aux soldats de France, qui l'ont battu et réduit sur place, guerriers venus d'Afrique après cent combats ou vaillants combattants groupés à l'improviste dans les unités de l'intérieur,[30] par-dessus tout et par-dessus tous, à ceux et celles qui ont donné leur vie pour la patrie sur les champs de bataille ou aux poteaux d'exécution.

Mais la France rend également hommage aux braves et bonnes armées alliées et à leurs chefs, dont l'offensive irrésistible a permis la libération de Paris et rend certaine celle de tout le territoire en écrasant avec nous[31] la force allemande.

A mesure que reflue l'abominable marée, la nation respire avec délices l'air de la victoire et de la liberté. Une merveilleuse unité[32] se révèle dans ses profondeurs. La nation sent que l'avenir lui offre désormais, non plus seulement l'espoir, mais la certitude d'être bel et bien une nation victorieuse, la perspective d'un ardent renouveau, la possibilité de reparaître dans le monde, au rang où elle fut toujours, c'est-à-dire au rang des plus grands.

Mais la nation sent aussi quelle distance sépare encore le point où elle en est de celui qu'elle veut et peut atteindre. Elle mesure la nécessité de faire en sorte que l'ennemi soit complètement irrémédiablement battu et que la part française dans le triomphe final soit la plus large possible.[33] Elle mesure l'etendue des ravages qu'elle a subis dans sa terre et dans sa chair. Elle mesure des difficultés extrêmes de ravitaillement, de transport, d'armement, d'équipement, où elle se trouve et qui contrarient l'effort de combat et l'effort de production des territoires libérés.

Si la certitude du triomphe de notre cause, qui est en même temps celle des hommes, justifie notre joie et notre fierté, ce n'est point du tout l'euphorie qu'elle nous apporte. Bien au contraire, nous comprenons quel dur labeur, quelles pénibles contraintes, nous séparent encore du but.

Ce labeur, les Français sont résolus à le fournir, ces contraintes, ils veulent les supporter, parce que c'est le prix, ajouté à tant d'épreuves, dont il leur faut payer leur salut, leur liberté, leur grandeur.

Peuple averti de tout, depuis deux mille ans[34] que se déroule son Histoire, le peuple français a décidé, par instinct et par raison, de satisfaire aux deux conditions sans lesquelles on ne fait rien de grand, et qui sont l'ordre et l'ardeur. L'ordre républicain, sous la seule autorité valable, celle de l'Etat;[35] l'ardeur concentrée qui permet de bâtir légalement et fraternellement l'édifice du renouveau. Voilà ce que veulent dire les viriles acclamations de nos villes et de nos villages, purgés enfin de l'ennemi. Voilà ce que fait entendre la grande voix de Paris libéré.

31 décembre 1944

DISCOURS RADIODIFFUSÉ

Une année disparaît, dont l'histoire dira qu'elle fut l'une des plus grandes qu'a vécues la France.

Oh! Non point certes que notre patrie y ait paru dans sa puissance. C'est un pays torturé par l'ennemi, puis ravagé par la bataille, bouleversé enfin dans ses moyens d'existence et de production, qui vient de vivre les douze longs mois de 1944. Mais c'est un pays résolu, confiant en soi, maître de lui-même, qui vient de réapparaître entre l'Atlantique et le Rhin. Comme un homme qui, se relevant après un grave accident, tâte ses membres, s'essaie à la marche, reprend ses forces et son aplomb, ainsi avons-nous, maintenant, fait l'inventaire de nous-mêmes. Nous sommes blessés, mais nous sommes debout!

Or, devant nous se tient l'ennemi! L'ennemi qui, à l'ouest, à l'est et au sud, a reculé peu à peu, mais l'ennemi encore menaçant, actuellement redressé dans un sursaut de rage[36] et qui va, au cours de l'année 1945, jouer, sans ménager rien, les derniers atouts qui lui restent.

Toute la France mesure à l'avance les épreuves nouvelles que cet acharnement comportera, pour elle comme pour ses alliés.

Mais toute la France comprend que le destin lui ouvre ainsi la chance d'accéder de nouveau, par un effort de guerre grandissant, à cette place éminente qui fut la sienne depuis tant de siècles et qu'il est nécessaire qu'elle garde pour elle-même et pour les autres, je veux dire celle d'une puissance sans laquelle rien ne se décide, ni la victoire, ni l'ordre du monde, ni la paix.[37]

Car, en dépit des pertes que nous avons subies, de la captivité de 2 millions et demi de nos hommes, des destructions causées à nos moyens de transport et à nos usines, du manque cruel de matières premières, nous avons commencé à nous refaire une grande armée, dont tout annonce qu'elle est appelée à jouer un rôle capital dans cette phase décisive de la guerre.

Chaque Français, qui réfléchit aux conditions dans lesquelles nous sommes, discerne le dur effort d'organisation, de compétence et de discipline qu'une telle entreprise exige du haut en bas de la hiérarchie. J'ai eu naguère l'occasion de dire, je répète aujourd'hui, qu'à cet égard le Gouvernement a arrêté son plan, qu'il le suit et qu'il le mènera au terme. Après la mise sur pied en Afrique des forces admirables qui mènent la bataille d'Alsace, après avoir pris part à toutes celles de la Méditerranée, comme aux combats de Normandie, de Paris et de Lorraine, après l'incorporation de la magnifique jeunesse qui a, sur le territoire, combattu pour la libération, au milieu même de l'ennemi, voici que commencent dans la Métropole[38] les mesures d'appel des classes et de mobilisation.[39] Tout cela est et demeurera conjugué avec les possibilités progressives d'armement et d'équipement que nous procurent à la fois nos propres fabrications et le concours de nos alliés. A ce sujet, je suis heureux de pouvoir annoncer aujourd'hui que ce concours vient de nous être largement assuré pour un grand nombre d'unités nouvelles et dans des délais satisfaisants.[40] Jusqu'à l'écrasement total de l'ennemi et l'établissement définitif de la sécurité de la France d'un bout à l'autre du Rhin, pas un jour ne se passera sans que notre épée soit plus lourde. La Victoire trouvera, j'en réponds, la France au premier rang et les armes à la main.

Mais aussi, elle la trouvera libre. En dehors des contraintes indispensables à la guerre, chaque Français, chaque Française a repris possession de soi-même, recouvré la possibilité de penser, de parler, de croire, comme il lui convient de le faire. Et voici que notre peuple, c'est-à-dire la collectivité de quarante-deux millions de Français et de Françaises, va pouvoir recommencer à exercer ses droits de suffrage.[41] A moins que les circonstances de la guerre ne viennent soudain s'y opposer, les élections municipales et départementales auront lieu au printemps prochain.[42] Ces élections seront, bien entendu, provisoires et ne vaudront que jusqu'au retour des absents. Il y sera procédé dans la dignité des personnes et dans la liberté des opinions que doivent marquer le choix des citoyens dans un pays comme le nôtre, accoutumé à la démocratie et d'autant plus résolu à la recouvrer qu'il a pratiqué plus cruellement l'expérience de ce que lui coûtait le fait de l'avoir perdue. Il y sera procédé sous l'égide de la seule protection qualifiée, celle de l'Etat républicain, s'exerçant par son Gouvernement et ses représentants désignés et responsables.

Mais, tandis qu'elle renaît à la vie d'un pays libre, la nation française se débat au milieu de multiples difficultés quant à sa production et ses échanges. Il est bien inutile d'énumérer les obstacles que tout le monde connaît. Il ne serait pas moins vain d'affecter de détenir le transcendant secret[43] qui peut permettre de les surmonter quand on voudra et comme on voudra. En vérité, l'activité économique du pays ne renaîtra que peu à peu, à mesure que les transports, la distribution d'énergie, l'importation des matières premières, iront en s'améliorant et que notre sol cessera d'être le champ de bataille des nations. J'ai des raisons d'affirmer que l'année 1945 nous apportera de lents mais constants progrès. On peut espérer, notamment, que le printemps prochain verra revenir dans nos ports un nombre appréciable de navires qui ne seront plus chargés exclusivement de troupes, d'armes, de munitions et de rations militaires. Aujourd'hui, nous devons nous accommoder de ce que nous avons en tirant durement le meilleur parti possible et supporter courageusement les contraintes et les déficits. Mais, en même temps, nous avons le devoir de créer entre tous ceux qui participent à la tâche sacrée de la production française; chefs d'entreprise, ingénieurs, ouvriers, paysans, les modalités et l'atmosphère de cette réelle et franche collaboration dans l'effort, l'initiative, les traverses et le succès qui doit devenir la psychologie nouvelle de notre activité nationale. D'autre part, nous devons poursuivre, comme nous avons commencé de le faire, mais sérieusement et solidement, un certain nombre de réformes de base qui correspondent à la fois aux exigences de l'économie moderne et à celles du progrès social.

Cet effort suprême pour la victoire, la liberté et le renouveau exige l'union de tous les Français.[44] J'entends l'union sincère et fraternelle, non point celle que l'on proclame, mais bien celle que l'on pratique. Dans cette guerre qui dure depuis trente ans,[45] il n'est que trop facile à chacun de découvrir les erreurs et les fautes des autres. Car qui donc en fut exempt? Sauf un nombre infime[46] de malheureux qui ont consciemment préféré le triomphe de l'ennemi à la victoire de la France et qu'il appartient à la Justice de l'Etat de châtier équitablement,[47] la masse immense des Français n'a jamais voulu autre chose que le bien de la patrie, lors même que beaucoup furent parfois égarés[48] sur le chemin. Au point où nous en sommes et étant donné tout ce qu'il nous reste à faire pour nous sauver, nous relever et nous agrandir, les fureurs intestines, les querelles, les invectives sont injustes et malfaisantes. Dans la communauté française, tous les Français, paysans, ouvriers, bourgeois, qu'ils fussent, comme on disait naguère, de droite, du centre ou de gauche, ont leur place et doivent la tenir.

Au moment où l'année de la libération s'efface devant l'année de la grandeur, que les pensées des cent six millions d'hommes et de femmes qui peuplent la France et l'Empire s'unissent avec confiance, loyalement, fraternellement! Que ces pensées se portent vers nos soldats, nos marins, nos aviateurs, qui font valoir, par les armes, la gloire de la patrie! Qu'elles n'oublient pas nos vaillants Alliés qui souffrent et qui luttent comme nous, pour la même cause que nous-mêmes! Qu'elles aillent trouver dans leur tristesse nos chers, nos braves garçons que l'ennemi nous a pris, mais dont chacun détient en lui une part de l'honneur, du combat, de l'avenir de la France! Qu'elles entourent celles et ceux qui souffrent en silence pour la patrie: mamans en deuil, femmes à leur foyer vide, enfants malheureux, vieux parents seuls, toutes celles et tous ceux dont le coeur, ce soir, berce tristement son chagrin. Français, Françaises, que vos pensées se rassemblent sur la France! Plus que jamais, elle a besoin d'être aimée et d'être servie par nous tous qui sommes ses enfants. Et puis, elle l'a tant mérité!

Source: Charles de Gaulle, *Discours et Messages*, Paris, 1970, vol. 1, pp. 441–2, 491–4

'L'ÉPURATION'

In general terms, the purge of collaborators can be considered as lasting from the weeks preceding the Normandy landings, when the FFI and FTP began systematic executions, until the end of 1948, after which few new trials were undertaken, and generous amnesty policies led to the release of the vast majority of those who had been imprisoned.[49] The most recent research[50] shows that there were about 9,000 summary executions in France, of which 75 per cent occurred before the Allied landings. In addition, there were 767 executions directed by the courts, and about 40,000 people sentenced to prison or hard labour. When the general amnesty law was passed in 1953, less than 1 per cent of those condemned for collaboration with the enemy were still in jail.

The punishment of those who had betrayed their neighbours, or the Resistance, or the nation, was to be expected, and indeed, was less severe in France than in Belgium, Holland, Denmark or Norway.[51] Nevertheless, the high percentage of investigations that ended in charges being dropped, and of trials that ended in acquittal (almost half of all) suggests strongly that too many charges were laid groundlessly, motivated by personal quarrels, professional jealousy, or political ambition. Denunciation had become something of a national habit during the Occupation, when floods of anonymous letters were sent to local police stations, to the Gestapo, to newspapers and radio stations.[52] At that time, most of the targets were Jews or members of resistance networks — but often enough, mere personal enemies. It would seem that the same habit carried over into the *Épuration*, with irresponsible accusations of collaboration or treason being unhealthily numerous.

In sum, the *Épuration* was something of a national mess. Blatant cases of grave injustice against people wrongly punished for collaboration were relatively few, but enough to cause widespread doubts about how well the system worked. More troublingly, many of the leaders of the collaboration escaped – like the violent *Je suis partout* journalist Alain Laubreaux, and the head of the anti-Jewish commission, Darquier de Pellepoix, who lived out long lives in Spain. And there were those with influence – or with too much knowledge – who continued their careers with barely a hiccup. Such was Jean Jardin (1904–76), a senior civil servant directly responsible to Laval in Vichy, and whose wide range of friends assured not only his immunity from any prosecution, but his return to government function under Pompidou.[53] Such, too, was René Bousquet, the head of the French police under Vichy, and hence responsible for the first big round-ups of Jews in 1942: after the war, he became director-general of one of France's largest banks.[54]

Sacha Guitry (1885–1957) was a prolific playwright and film-maker, and a member of the Académie Goncourt. Like many artists, he continued to work in Paris during the Occupation.[55] A flamboyant and high-living man, he was present at a number of public occasions, including the return of the 'Aiglon's' ashes in December 1940; he had various official dealings with the German censorship and cultural authorities, and he wrote a book on the glories of France from Joan of Arc to Philippe Pétain. No doubt, in the eyes of the 'purs et durs' of the Resistance, such a degree of compromise with the Germans was deserving of punishment. But Guitry's generosity in fund-raising for prisoners-of-war was well-known, and so were his intercessions on behalf of individuals sought or caught by the Nazis. His arrest for collusion with the enemy seems to have involved a certain amount of bad faith, and to have been based largely on mischievous rumour. The following texts are extracted from his *Quatre ans d'occupations* (Paris, 1947), an indignant, and often humorous reaction to the charges made against him.

A PROTEST

Dernière heure

Alors que ce livre est sous presse, alors qu'il va paraître, M. le Commissaire du Gouvernement me fait savoir indirectement qu'il «vient de rendre, en date de ce jour, 8 Août 1947, une décision de classement» qui ferme mon dossier et qui – n'ayons pas peur des mots – signifie qu'un non-lieu[56] m'est accordé enfin.

Il n'y avait donc pas lieu![57]

Il n'y avait pas lieu de me mettre en prison, de me faire insulter, de prohiber mon nom, d'interdire mes films – il n'y avait pas lieu de m'empêcher de remonter sur un théâtre et de poursuivre mon destin.

Le 23 Août 44, on m'arrêtait *avec éclat* parce qu'on me supposait coupable.

Le 8 Août 47, c'est *clandestinement* que l'on me certifie que je suis innocent.

Il n'y a donc pas lieu pour moi de changer une ligne à ce livre.

S.G.

Bref exposé de l'aventure

D'ordinaire, voici comment les choses se passent:
  I. – Un crime est découvert
 II. – Un homme est soupçonné d'avoir commis ce crime.
III. – On l'interroge.
 IV. – On l'inculpe.
  V. – Enfin, on le met en prison.

*   *   *

Or, c'est *exactement* le contraire qui s'est produit pour moi:
  I. – On m'a mis D'ABORD, en prison.
 II. – On m'a, PAR LA SUITE, inculpé.
III. – On ne m'a interrogé qu'APRÈS.
 IV. – PUIS, l'on m'a soupçonné – de n'être pas coupable.
  V. – Et l'on s'est ENFIN demandé quel crime j'avais bien pu commettre – pour avoir été mis en prison.

Je ne plaisante pas.

Voici des faits – voici des dates.

23 AOUT 44. Je suis arrêté par des gens qui ne sont nantis d'aucun mandat.

29 AOUT. Six jours plus tard. La fiche officielle – et secrète – qui me concerne à la Commission de Contrôle, porte ces mots:

«MOTIF DE L'ARRESTATION: IGNORÉ».

30 SEPTEMBRE. Un mois plus tard. Mon «dossier», qui se trouve entre les mains de M. Cagnard, à la Police Judiciaire, ne comporte, pour tout «chef d'accusation», que ces deux mots: «RUMEUR PUBLIQUE».

15 OCTOBRE. Deux semaines plus tard. Je suis «inculpé d'intelligences avec l'ennemi».[58]

Par qui?

Je n'en sais rien.

Et pourquoi?

Je l'ignore.

Je le saurai demain sans doute.

16 OCTOBRE. Le lendemain. Je fais la connaissance de M. Angéras, Juge d'Instruction.

Il me questionne.

Je réponds.

Et je m'aperçois qu'il n'en sait pas plus long que moi.

Le preuve en est que:

18 OCTOBRE. Deux jours plus tard. M. Angéras – ce qui ne s'était jamais vu – fait passer une note dans les journaux disant que *«M. le Juge d'Instruction Angéras attend que des dénonciations lui soient adressées concernant M. Sacha Guitry.»*

Le cher homme en était encore à «rumeur publique».

Et pourtant, ce jour-là, on avait cru devoir me passer les menottes!

24 OCTOBRE 44. Quatre dénonciations anonymes, plus absurdes les unes que les autres, incitent M. Angéras à classer mon dossier.

*   *   *

Je suis remis en liberté, mais la question reste posée – différemment.

Il ne s'agit plus de savoir, en effet, pourquoi j'avais été mis en prison. Ce qui intéresse mes confrères, c'est de savoir pourquoi j'en suis sorti.

*   *   *

A tel enseigne que, le 2 Décembre 1944, le journal le *Front National* publiait la note suivante:

«LE JUGE, M. ANGERAS, A DEMANDÉ QUE LES

PERSONNES QUI AURAIENT DES REPROCHES A FORMULER CONTRE SACHA GUITRY LUI ECRIVENT OU VIENNENT LE VOIR».

Vraiment, l'on croit rêver – et cet appel direct à la délation[59] fait mauvaise figure – du moins me semble-t-il.

*   *   *

En conséquence, la première instruction n'ayant rien «donné», une seconde instruction fut ouverte!

Mon dossier passa des mains de M. Angéras dans celles de R. Raoult – et cela en dépit d'un réquisitoire[60] qui m'est, d'un bout à l'autre, favorable.

*   *   *

C'est alors que je réalisai de quelle monstrueuse iniquité j'étais victime – car j'étais entré en rapport avec M. Angéras parce que l'on m'avait mis en prison, et j'allais maintenant fréquenter M. Raoult parce que j'en étais sorti!

*   *   *

Vit-on jamais pareil acharnement?

Deux Juges d'Instruction – mesure exceptionnelle et significative!

Et peut-on concevoir que deux Juges d'Instruction et trente mois d'enquêtes aient été nécessaires pour instruire une affaire qui cependant ne comportait aucun chef d'accusation?[61]

Oui — mais on ne peut le concevoir, en vérité, que par le fait, précisément, qu'elle n'en comportait aucun – et que c'était *invraisemblable*.

*   *   *

Tristan Bernard[62] a fort bien exprimé sa pensée à cet égard, quand il a dit:

– Je trouve abominable cette chasse à l'homme!

*   *   *

Peut-être un jour me dira-t-on que si j'avais été coupable un seul Juge l'Instruction eût été suffisant.

Peut-être même, un soir, entendrai-je ces mots:

– Vous avez eu deux Juges d'Instruction, Monsieur Guitry: voyez donc les égards que l'on a eus pour vous!

*   *   *

La dernière fois que nous nous sommes vus, M. Raoult et moi, je lui ai dit ceci:

– Monsieur le Juge, maintenant que vous connaissez tout mon dossier par cœur, m'enverriez-vous en prison?

– Certainement pas, Monsieur Guitry.

– Donc, veuillez convenir, Monsieur le Juge, que je ne suis devant vous que parce que l'on m'a mis en prison?

Il m'a paru qu'il en convenait.

*   *   *

Et c'est effectivement vrai.

Rien de tout cela ne serait arrivé, et il n'y aurait pas eu ces commissions rogatoires, ces dépositions, ces confrontations, toutes ces recherches infructueuses et blessantes, si – envoyés par Dieu sait qui! – cinq hommes armés jusqu'aux dents ne s'étaient pas présentés chez moi le 23 Août 44 – haut les mains, mitraillettes et tout ce qui s'ensuit – comme pour Al Capone[63] ou Landru,[64] c'est bien simple!

Source: Sacha Guitry, *Quatre Ans d'Occupations*, Paris, 1947, pp. 9, 33–8 (droits réservés)

The trials of Pétain (July–August 1945) and Laval (October) were the high-points of the political purge. On trial were not just the man, but the whole of Vichy policy during the Occupation. In both cases, held before the same judges and with the same public prosecutor, one has the impression less of careful justice than of pre-determined condemnation. Laval, always something of a solitary, was given little opportunity to present a defence, and was executed in appalling circumstances: he took cyanide on the morning of his execution, and the authorities spent two hours pumping his stomach so that he could be brought before the firing squad.[65]

Pétain, on the other hand, who could have gone into exile in Switzerland, and who chose to face trial, having made the speech quoted below, maintained silence. His judges had exercised their profession under his government, and had applied the laws of Vichy without question; his prosecutor, André Mornet, had been directly responsible for the deportation of almost 7,000 refugees[66] – but now they were working for the provisional government. Found guilty of dishonouring France, Pétain, now aged 89, was condemned to death, a sentence commuted by de Gaulle, at the request of the members of the jury, to life imprisonment on the Ile d'Yeu off the French west coast, where he would die six years later. Acclaimed as the saviour of the nation in 1940, he became at his trial the focal point of the accumulated resentment and hatred of the Resistance.

In the climate of 1945, his condemnation was inevitable. Whether it was in fact justified, and to what degree, has remained a vexed question for historians. In its time of triumph, 'la France résistante' was in no mood for the calm collection of factual data, and in its zeal and enthusiasm to sweep away the shame and misery of the previous four years, it often acted with more haste than wisdom. The rapid trial of a few representative figures undoubtedly helped reduce the number of lawless summary executions, but it did not allow adequate expression of the collective trauma. Too many people were being asked to forget too much too quickly. The Laval and Pétain trials symbolize the way in which too much of the experience of occupied France was ignored rather than examined, and the failure to take that experience sufficiently into account would prove to be a recurring nightmare for those seeking national unity.

Petain's statement

C'est le peuple français qui, par ses représentants, réunis en Assemblée nationale, le 10 juillet 1940, m'a confié le pouvoir. C'est à lui que je suis venu rendre des comptes. La Haute Cour, telle qu'elle est constituée, ne représente pas le peuple français, et c'est à lui seul que s'adresse le Maréchal de France, chef de l'Etat. Je ne ferai pas d'autre déclaration. Je ne répondrai à aucune question. Mes défenseurs ont reçu de moi la mission de répondre à des accusations qui veulent me salir et qui n'atteignent que ceux qui les profèrent.

J'ai passé ma vie au service de la France. Aujourd'hui, âgé de quatre-vingt-dix ans,[67] jeté en prison, je veux continuer à la servir, en m'adressant à elle une fois encore. Qu'elle se souvienne. J'ai mené ses armées à la victoire, en 1918.[68] Puis, alors que j'avais mérité le repos, je n'ai cessé de me consacrer à elle. J'ai répondu à tous ses appels, quels que fussent mon âge et ma fatigue.

Le jour le plus tragique de son Histoire, c'est encore vers moi qu'elle s'est tournée. Je ne demandais ni ne désirais rien. On m'a supplié de venir: je suis venu. Je devenais ainsi l'héritier d'une catastrophe dont je n'étais pas l'auteur, les vrais responsables s'abritaient derrière moi pour écarter la colère du peuple. Lorsque j'ai demandé l'armistice, d'accord avec nos chefs militaires, j'ai accompli un acte nécessaire et sauveur. Oui, l'armistice a sauvé la France et contribué à la victoire des Alliés, en assurant une Méditerranée libre et l'intégrité de l'Empire.

Le pouvoir m'a été alors confié légitimement et reconnu par tous les pays du monde, du Saint-Siège à l'U.R.S.S. De ce pouvoir, j'ai usé comme d'un bouclier pour protéger le peuple français. Pour lui, je suis allé jusqu'à sacrifier mon prestige. Je suis demeuré à la tête d'un pays sous l'occupation.

Voudra-t-on comprendre la difficulté de gouverner dans de telles conditions? Chaque jour, un poignard sur la gorge, j'ai lutté contre les exigences de l'ennemi. L'Histoire dira tout ce que je vous ai évité, quand mes adversaires ne pensent qu'à me reprocher l'inévitable. L'occupation m'obligeait à ménager l'ennemi, mais je ne le ménageais que pour vous ménager vous-mêmes, en attendant que le territoire soit libéré. L'occupation m'obligeait aussi, contre mon gré et contre mon coeur, à tenir des propos, à accomplir certains actes dont j'ai souffert plus que vous, mais, devant les exigences de l'ennemi, je n'ai rien abandonné d'essentiel[69] à l'existence de la patrie. Au contraire, pendant quatre années, par mon action, j'ai maintenu la France, j'ai assuré aux Français la vie et le pain, j'ai assuré à nos prisonniers le soutien de la nation. Que ceux qui m'accusent et prétendent me juger s'interrogent au fond de leur conscience pour savoir ce que, sans moi, ils seraient peut-être devenus.

Pendant que le général de Gaulle, hors de nos frontières, poursuivaient la lutte, j'ai préparé les voies à la libération,[70] en conservant une France douloureuse mais vivante. A quoi, en effet, eût-il servi de libérer des ruines et des cimetières?

C'est l'ennemi seul, qui, sa présence sur notre sol envahi, a porté atteinte à nos libertés et s'opposait à notre volonté de relèvement. J'ai réalisé pourtant, des institutions nouvelles; la Constitution que j'avais reçu mandat de présenter était prête, mais je ne pouvais la promulguer. Malgré d'immenses difficultés, aucun pouvoir n'a, plus que le mien, honoré la famille, et, pour empêcher la lutte des classes, cherché à garantir les conditions du travail à l'usine et à la terre. La France libérée peut changer les mots et les vocables. Elle construit, mais elle ne pourra construire utilement que sur les bases que j'ai jetées.

C'est à de tels exemples que se reconnaît, en dépit des haines partisanes,[71] la continuité de la Patrie. Nul n'a le droit de l'interrompre. Pour ma part, je n'ai pensé qu'à l'union et à la réconciliation des Français. Je vous l'ai dit encore le jour où les Allemands m'emmenaient prisonnier, parce qu'ils me reprochaient de n'avoir cessé de les combattre et de ruiner leurs efforts.

Je sais qu'en ce moment, si certains ont oublié, depuis que je n'exerce plus le pouvoir, ce qu'ils ont dit, écrit ou fait, des millions de Français pensent à moi, qui m'ont accordé leur confiance et me gardent leur fidélité. Ce n'est point à ma personne que vont l'une et l'autre, mais pour eux comme pour bien d'autres à travers le monde, je représente une tradition qui est celle de la civilisation française et chrétienne, face aux excès de toutes les tyrannies.

En me condamnant, ce sont ces millions d'hommes que vous condamnerez dans leur espérance et dans leur foi. Ainsi, vous aggraverez ou vous prolongerez la discorde de la France,[72] alors qu'elle a besoin de se retrouver et de s'aimer pour reprendre la place qu'elle tenait autrefois parmi les nations. Mais ma vie importe peu. J'ai fait à la France le don de ma personne. C'est à cette minute suprême que mon sacrifice ne doit plus être mis en doute. Si vous deviez me condamner, que ma condamnation soit la dernière et qu'aucun Français ne soit plus jamais condamné ni détenu pour avoir obéi aux ordres de son chef légitime.[73]

Mais je vous le dis à la face du monde, vous condamneriez un innocent en croyant parler au nom de la justice et c'est un innocent qui en porterait le poids, car un Maréchal de France ne demande de grâce à personne.[74] A votre jugement répondront celui de Dieu et celui de la postérité. Ils suffiront à ma conscience et à ma mémoire. Je m'en remets à la France.

Source: Philippe Pétain, in the *Journal Officiel*, 'Procès du Maréchal Pétain', 1945, pp. 9–10

THE SEARCH FOR UNITY

In the interests of unity, de Gaulle had organized an amalgam of various political parties and groupings into his government of 'National Unanimity' in September 1944. However, as political reorganization began to take shape – in the form of new parties, or the regrouping of old ones[75] – the structures developed in the Resistance during the Occupation began to lose their momentum. This was a disappointment to those who had hoped that the Resistance would produce lasting and profound social change,[76] for instead, a new Republic was emerging that was not unlike the previous one. The growth of the power of the political parties would eventually lead to de Gaulle's resignation from government (in January 1946), but in the meantime, his commitment to the reconstruction of France led him to continue political partnership with all groups, and particularly with the Communist Party. The communists, in turn, encouraged by the December 1944 Franco-Soviet pact, saw close collaboration with de Gaulle as being in the interests of their party's future.

Maurice Thorez (1900–1964), the secretary-general of the Parti communiste français, had deserted from the French army at the time of the German-Soviet pact before the war, and had spent the Occupation years as a refugee in Moscow. Pardoned by de Gaulle, he returned to France in November 1944 and joined the effort to rebuild the nation. The following radio speech was given on the eve of the second round of elections[77] in May 1945, the first post-liberation elections, which marked France's return to democratic rule. It is remarkable how, below the colourful marxist rhetoric, Thorez's speech echoes those of de Gaulle. The preoccupations are very much the same – homage to the bravery of the Resistance and to the Allies, the need to purge the collabora-tionists, the importance of working hard to rebuild the nation as an independent force in the world, the imperative of unity.

At the same time, allusions in the speech to the Red Army and the state school system have as their hidden target the Catholic MRP, considered by Thorez to be a reactionary party that might pick up too much support from ex-Vichy-sympathisers. With its insulting propaganda against the MRP – '*M*achine à *R*amasser les *P*étainistes', or '*M*ensonge, *R*éaction, *P*erfidie' – the Communist Party, established in the first round of elections as the leading party of the Left, was looking to consolidate its own power-base.[78]

Pour l'union – pour une démocratie réelle

Français et Françaises,
Le 10 mai 1940, lorsque les armées allemandes se ruèrent 'contre notre pays, préalablement démoralisé, divisé, réduit à l'impuissance par les munichois et les futurs vichystes,[79] le bandit Hitler[80] s'écria, fou d'orgueil: Nous allons régler pour mille ans notre compte avec la France!

Cinq années ont passé, cinq années de souf-frances, mais aussi de luttes héroïques qui ont permis à la France de ne pas manquer au rendez-vous de la victoire.

La coalition des peuples libres a vaincu l'Allemange hitlérienne. L'armée allemande, écrasée par les forces alliées, a capitulé sans condi-tions. Les nations unies n'ont pas seulement remporté une victoire militaire sans précédent.

Elles ont fait triompher les idées de justice, de progrès et de liberté sur les théories rétrogrades et les pratiques sanglantes du fascisme barbare. Il reste maintenant à tirer toutes les conséquences de la victoire des démocraties, en anéantissant le fascisme en Allemagne, en extirpant jusqu'à la dernière racine ses prolongements vichystes[81] dans notre pays.

En ces heures de gloire et de joie, nos pensées vont à ceux qui se sacrifièrent pour préparer des lendemains qui chantent. Nos pensées vont aux héros, aux martyrs de tous les partis et de toutes les croyances, morts pour que vive la France. Nos pensées vont à nos vaillants soldats, à leurs camarades anglais et américains, à la glorieuse Armée rouge, qui supporta seule ou presque,[82] pendant si longtemps, tout le poids de la guerre contre les hordes de Hitler. Nos pensées vont aux patriotes de tous les pays qui ont aidé magnifique-ment à leur libération par les armées alliées.

Combattre et travailler!

Français et Françaises,
Notre pays est victorieux. Mais la guerre, l'invasion, fruit de la trahison,[83] lui ont porté des coups terribles. Nous avons à relever de leurs ruines nombre de nos villes et villages rasés par l'ennemi. Nous avons à rebâtir un million et demi d'immeubles entièrement détruits ou fortement endommagés. Nous avons à remettre en marche toutes nos usines, à rendre toutes nos terres à la culture. Nous avons à ramener le plus vite possible, et à entourer d'une tendre sollicitude deux millions des nôtres que Pétain[84] avait livrés à son complice Hitler. Nous avons à rendre la santé et la vigueur, – physiques et morales, – à nos jeunes filles, que les privations ont affaiblies, anémiées et chez lesquelles la tuberculose[85] fait des ravages effrayants.

Il faut considérer la réalité bien en face: Nous revenons de loin. Nous remontons la pente, mais nous sommes encore loin des sommets. Nous n'y parviendrons qu'à force de combats et de labeur, en déployant toutes les ressources de notre génie national, en excluant les solutions de paresse et de facilité. Et en préservant comme la prunelle de nos yeux l'unité de la nation scellée dans le sang de nos martyrs.

L'union de la nation demeure indispensable...

L'union de la nation qui fut nécessaire pour chasser l'Allemand de notre sol, demeure indispensable pour mener à bien l'oeuvre de reconstruction et de régénération de la France. Le peuple a conscience de cet impératif. De là le triomphe complet aux élections municipales des listes communes de la Résistance. De là, le grand succès des listes d'Union patriotique, républicaine et antifasciste, présentées ou soutenues par notre Parti communiste, en qui les Français et les Françaises reconnaissent le champion de l'unité.

Le peuple a voté pour l'union. Et il a voté pour une démocratie réelle. Le peuple a voté pour la liquidation des institutions vichystes, comités d'organisation ou offices professionnels, pour la liquidation de l'esprit de Vichy. Le peuple a voté pour l'application rigoureuse du programme élaboré en commun par les partis et les groupements de la Résistance: épuration, châtiment des traîtres en commençant par Pétain, retour à la nation des grands moyens de production monopolisés par les trusts. Très justement alarmé par l'offensive de la réaction contre l'école de la République, le peuple a voté pour le retour au régime scolaire d'avant-guerre.

... au service du progrès et de liberté

Français et Françaises,
Le Parti communiste vous demande de confirmer dans le scrutin de ballotage les indications si nettes et si claires que vous avez formulées le 29 avril.

En attendant l'élection prochaine de l'Assemblée nationale constituante,[86] qui seule décidera du régime futur de notre pays, le Parti communiste vous demande de proclamer, dès demain, que les réalités nouvelles ne sauraient être coulées dans les vieilles formes, que la France entière aspire au progrès, au changement vers le mieux, et n'entend pas être ramenée en arrière.[87]

Le Parti communiste vous demande en toute confiance de voter pour les listes d'Union patriotique, républicaine et antifasciste.

Français et Françaises,
Votez demain pour l'union. Ensemble, nous ferons la France forte, démocratique et indépendante. Ensemble, nous préparerons pour nos fils et nos filles un avenir radieux, dans une patrie belle, prospère, rendue à sa noble et glorieuse mission de progrès et de liberté.
Vive la France!
Vive la République![88]

Source: Maurice Thorez, *Oeuvres*, 1.5., t.20, Paris, 1960, pp. 241–4 (Messidor)

Despite the undoubtedly sincere desire of the post-liberation political movements to find a united approach to the reconstruction of the nation, the seeds of division were obviously present. As Jean-Pierre Rioux points out,[89] what made the post-war unity of France so fragile was, in part at least, the failure to recognize that the basis chosen – that is, the Resistance – had in fact corresponded to a minority position during the Occupation. In other words, without being completely untrue, the idea of 'la France résistante', when applied to the nation as a whole, evoked a glory of rather limited reality. One can argue that such a myth was necessary for restoring the French morale – and there can be little question that de Gaulle, as well as the Communist Party, believed that. In any case, the story quickly became History, and French children reaching the age of 9 and 10 in 1945 would find it in their school text-books. The *Nouvelle Histoire de France* by Bernard and Redon (Paris, 1945) devotes two small chapters to the Second World War. The resumé of the first is:

1. En 1939, l'Allemagne d'Hitler entreprend la conquête du monde.
2. La guerre ne commence vraiment pour la France qu'en mai 1940, par une attaque foudroyante de l'armée allemande. Notre front est brisé, notre pays envahi, Paris occupé, notre armée prisonnière.
3. Le gouvernement du maréchal Pétain capitule; l'armistice est signé le 25 juin 1940.

The text corresponding to the last point is worth quoting:

Le *maréchal Pétain*, chef du gouvernement français, demande l'armistice. C'est, pour toute la France, *une journée de deuil*.
La moitié du pays est occupée; deux millions de nos soldats sont prisonniers.
Le gouvernement du maréchal Pétain s'installe à *Vichy*. Mais la France n'acceptait ni la défaite ni l'esclavage. De Londres, un ancien ministre, le *général de Gaulle*, lance un appel à la résistance française: «La France a perdu une bataille, elle n'a pas perdu la guerre.»
Et, en effet, la guerre allait continuer.

(p. 204)

The second chapter begins and ends with typical gaullist rhetoric:

En France, le gouvernement du maréchal Pétain se rapproche de l'Allemagne: c'est la politique dite «de collaboration». Mais les Français, eux, se refusent à collaborer avec «l'occupant», qui les traite en esclaves.

(p. 205)

And

La France est couverte de ruines. Beaucoup de ses villes sont rasées, ses ports sont détruits, ses usines et ses transports anéantis.
Tout est à reconstruire.
Mais la France se remet au travail. Elle sait que par l'effort, l'union, le dévouement de tous, elle retrouvera la prospérité et la grandeur.
La France continue.
Et il nous faut avoir foi dans la paix qu'organiseront les peuples de bonne volonté.

(p. 208)

Among the 'Exercices d'observation et de réflexion' at the end of the chapter, not one deals with the realities of daily life under the Occupation. All are strictly aimed at glorifying aspects of the Resistance:

– Episodes locaux: la résistance; – la déportation; – le maquis; – la libération (d'après les récits de vos proches).
– Le monument aux morts de la deuxième guerre mondiale dans votre localité: combattants, prisonniers, martyrs de la résistance, etc.
– Récit de la libération de Paris.
– La médaille de la Résistance. Observez, Dessinez.

It is easy to see how the parents of these children, faced with such questions, might have been driven into supporting the Resistance mythology, or into silence.

6

Looking back

The co-operation between the three major parties that emerged from the liberation – Communists, Socialists, and the MRP – led to the creation of a form of constitution, under the Fourth Republic, which gave all effective power to the *Assemblée nationale*, and virtually none to the President or ministers. Persuaded, optimistically, that the tripartite union born of the Resistance marked a new maturity in French politics, the leaders of the parties provided the circumstances for an unstable electorate to splinter the parliament into such a diversity of interests that, during the dozen years of the Fourth Republic's existence, government would always be difficult.

The structural problem was compounded by the extremely demanding realities of external and internal politics. Unable to meet the reconstruction of its economy unaided, France, along with many other western European nations, took advantage of the US offer of funds under the Marshall Plan, but at the expense of its relations with the USSR, which until then had been good. As American plans for the containment of Russia led to a deepening Cold War, France was in the vulnerable position of having isolated its single largest party from government. (At the beginning of 1947, the Communist Party held almost 30 per cent of the seats in the *Assemblée*). The tripartite arrangements were dead, and the nation would henceforth have to rely on coalitions of volatile, shifting minorities.

At the same time, after the capitulation of Germany, France was still at war. Having failed to achieve its aims of an 'Union française' along the lines of the British Commonwealth – internal conflicts preventing the formulation of a clear decolonization policy – the newly reconstructed nation would face a series of humiliating diplomatic and military defeats: in Madagascar (1947) and in Indochina (1954), before the long and disastrous haemorrhage in Algeria (1954–61).

The fine liberation dreams of a united France with a place of prestige in the world were in tatters. In the wings, Charles de Gaulle was working – with erratic success – at preparing the basis for a return to power. His own political party, the Rassemblement du Peuple Français (RPF), did well in the 1947 municipal elections, but failed four years later and was ultimately dissolved. But the General himself, with frequent pronouncements, and constant travel about the country, kept himself in the public eye. As the rift in the political fabric grew wider, signs of dangerous instability began to occur. The Poujadist[1] rebellion in the early 1950s shook the government. The February 1955 vote of no confidence in Pierre Mendès-France (1907–82), who attracted the widest range of parliamentary hatred since Léon Blum, revealed the level of the negative forces at work. The mutiny of the French army in Algeria (1958) brought the country, yet again, to the brink of civil war.

De Gaulle's return brought a change of constitution, and marked the beginning of the Fifth Republic, which separated legislative and executive powers and gave a much more significant role to the President. For ten years, de Gaulle used those powers to attempt to bring France into line with his vision of it. Governing with or without the approval of the parliament – he frequently resorted to direct referendum or to Article 16 of the Constitution, which permits government by decree in a state of emergency – he led France out of most of its colonial entanglements, oversaw the modernization of its industrial and agricultural bases, and worked out the foundations of the European Economic Community. Convinced that true independence from the super-powers could only be achieved through a credible military strategy, he built up France's nuclear deterrent programme: the 'force de frappe'.

His vision of the future, inevitably, was accompanied by his vision of the past, and for the decade of his rule, the glorious myth of 'la France résistante' was once again dominant – at least in official rhetoric and in the classrooms of the nation. After his final retirement in 1969, following the 1968 student and worker upheavals and the rejection of a government referendum, there was a veritable explosion of new assessments[2] of the French wartime experience. The documentary film, _Le Chagrin et la Pitié_ (1970) was a landmark, opening the way for the voicing of points of view not heard since the liberation. And stimulated by American historians Stanley Hoffmann and Robert Paxton,[3] French historians began a wide-ranging revaluation of the period. Finally, there was a whole new trend in fiction – in films as well as novels – looking back at the troubled years, in an effort to unlock their secret, and to come to terms with their complexity as a permanent part of the national heritage.

COLONIAL DISASTER

INDOCHINA

The fall of the French Vietnamese stronghold of Dien Bien Phu, on 7 May 1954, was treated as a national tragedy.[4] The eight-week battle had cost thousands of French casualties – a sacrifice which, in the context of the defeat, could only appear as a bitter futility.

The commander of the French forces, General Navarre, lost no time in ascribing responsibility to the politicians who, he claimed, in their confused pursuit of negotiations to find a satisfactory peaceful settlement, failed to provide the army with the materials it needed. In the following extract from his book on France's failure in Indochina, he sounds a solemn warning of what may happen in the colonies in North Africa and elsewhere, unless there is a change of government. His book concludes with an image of France as a sick man surrounded by charlatans and quacks: what is needed, he says, is 'un grand chirurgien' – a scarcely-veiled allusion to de Gaulle.

Agonie de l'Indochine

Pour ce qui est de la France nous n'avons, en tout cas, à nous faire aucune illusion. Si le régime reste quelque temps encore ce qu'il est, les mêmes raisons qui ont fait perdre hier l'Indochine nous feront perdre inéluctablement demain ou après-demain l'Afrique du Nord et tout le reste de ce qui fut l'Empire français.

La plupart des causes qui ont joué contre nous en Indochine se retrouvent en effet, sous une forme plus ou moins aiguë, dans tout cet Empire et spécialement en Afrique du Nord.

Comme en Indochine nous avons affaire à des nationalismes dont nous n'avons pas su prévoir l'inévitable montée, que nous n'avons pas su canaliser par des réformes faites à temps et de bon gré, que nous avons laissé encadrer par des élites formées à notre école, mais à qui nous n'avions pas voulu faire à nos côtés la place qui aurait lié leur sort au nôtre.

Comme en Indochine, ces nationalismes sont aiguillonnés par un sentiment racial exacerbé entretenu de l'extérieur, attisés par l'action souterraine du communisme et encouragés par la politique américaine.[5]

Le problème est cependant beaucoup moins difficile en Afrique du Nord qu'il ne l'était en Indochine.

La distance est moins grande en kilomètres. Elle se compte par centaines et non plus par milliers.

Elle est moins grande aussi moralement. Les Français sentent l'Afrique beaucoup plus proche d'eux, à tous égards, que ne l'était l'Indochine. Le climat y est moins hostile et les paysages moins différents de ceux auxquels nous sommes habitués.

La rocaille africaine, si âpre soit-elle, permet à

83

notre aviation des actions, et à nos troupes terrestres des manoeuvres, que leur interdisaient la rizière et la jungle indochinoises.

Jamais des adversaires africains ne pourront puiser dans un réservoir analogue à celui que fut, pour le Vietminh, la Chine communiste. Jamais ils ne pourront recevoir d'Egypte,[6] de Libye ou du Maroc espagnol l'aide massive que Mao Tse Toung a fournie à Ho Chi Minh pendant la dernière phase de la guerre d'Indochine. Jamais, par conséquent, ils ne devraient pouvoir, comme l'a pu le Vietminh, former de véritables armées régulières, capables de s'opposer à nous dans de grandes opérations de guerre. Pour que cela devienne possible, il faudrait que, sans avoir pris les garanties indispensables, nous les aidions nous-mêmes à créer ces armées – ce dont, hélas, nous semblons bien avoir pris le chemin.

La proportion d'Européens par rapport aux autochtones est beaucoup plus forte en Afrique du Nord qu'elle ne l'était en Indochine: une notable fraction de la population sera donc toujours avec nous, à condition que nous ne l'abandonnions pas.

Les populations autochtones d'Afrique du Nord sont elles-mêmes, psychologiquement, plus proches de nous que ne l'étaient celles d'Indochina. Si l'Islam favorise chez elles le fanatisme et la xénophobie, il les rend moins directement accessibles à l'influence communiste. Si les élites – ou soi-disant telles – que nous avons formées sans savoir nous les attacher nous sont en partie devenues hostiles, la masse peut être conservée ou ramenée dans notre camp.[7]

Enfin, et surtout, la conscience nationale française, beaucoup moins endormie sur les questions africaines qu'elle ne l'était sur celles d'Indochine, accepterait bien plus facilement tous les sacrifices nécessaires – si l'on voulait réellement les lui demander – pour conserver l'Afrique, qu'elle ne les aurait admis pour sauver l'Indochine.

Les conditions matérielles et morales d'une défense de l'Afrique sont donc incomparablement meilleures que n'étaient celles de la défense de l'Indochine. Elles le seraient d'autant plus que nous saurions utiliser les leçons que nous avons reçues là-bas à nos dépens.

Source: H. Navarre, *Agonie de l'Indochine 1953–1954*, Paris, Plon, 1956, pp. 322–4

ALGERIA

From the time of the first serious uprisings in 1954, to the signing of the Evian agreements in 1962, and even after, the Algerian war was a brutal affair, with large-scale massacres and individual atrocities being committed on both sides. Algeria had been colonized in 1830, and the size of the non-Muslim population in 1954 was over one million (out of nine million). Many European settlers had been there for several generations, and thought of themselves as belonging there. One has only to compare early and later works by the Algerian-born Albert Camus (1913–60) – *Noces* (1938), for example, and the stories of *L'Exil et le royaume* (1958) – to understand the sense of wrenching injustice that such people experienced as the Arab *Front de Libération Nationale* (FLN) adopted progressively harsher positions.

On the French side, public opinion on the mainland, initially solidly behind the principle of an 'Algérie française', gradually shifted towards approval of independence. One of the weightier factors in this change was a new and deeply troubling revelation about the systematic torture carried out by French soldiers. Memories of the horrors committed in France by the SS and the Gestapo were still fresh, and the steady flow of reliable stories of French torturing Arabs – including women and children – sent a wave of revulsion through the country.

The outcry of the settlers that they were being abandoned, and the fact that the French generals in charge of military operations believed that they could win the war, were not sufficient to sway opinion. The Algerian question divided France deeply, but the extreme position taken by the army – which attempted a *putsch* (1961) and set up an organization to sponsor terrorism (the Organisation Armée Secrète – OAS) – did not have broad support on the mainland. De Gaulle, whose return to power depended on the support of the French generals in Algeria, at first talked of an 'Algérie française', but his policy was rapidly modified to embrace self-determination, and finally independence.

Pierre-Henri Simon (1903–72), a Catholic writer in the Christian humanist tradition, wrote his *Contre la Torture* in 1957. Using as the basis for his commentary extracts from the personal diaries of soldiers, he creates a persuasive argument about the responsibility of France as a whole for the torture perpetrated by French soldiers. Can France be re-awakened to its traditional humanitarian values, or has its spirit been perverted by the Nazism to which it was subjected during the Occupation?

Contre la torture

D'UN OFFICIER DU X... R.I.
(Lettre du 6 Juin 1956):

«Jean ..., Je suis plus dégoûté que jamais. Les Allemands dans leurs méthodes étaient des petits garçons à côté de nous. J'ai vu agir le 2ⁿ bureau parachutiste. La torture à longueur de journée pour faire parler. Le tuyau sous pression dans la bouche jusqu'à ce que l'eau sorte de partout. Les mains accrochées derrière le dos, pendus ensuite par les poignets pour que les membres se désarticulent, et roués de coups. Plus une magnéto avec une phase à la verge, l'autre à la tête et des coups de courant. Plus, quand ils sont bien vidés, un couteau entre les épaules. Tous du X..., nous sommes outrés, et lorsque ce sera un type de chez nous qui fera l'interrogatoire, cela heureusement ne se passera plus, je l'espère du moins...»

D'UN JOURNAL DE ROUTE:

Noël 1955. – «Rien ne nous dira que c'est Noël, nous travaillons comme un jour ordinaire. Un groupe part sous le pluie battante et revient avec deux suspects: un vieux qui pleure et nous raconte sa vie: il a été sept ans militaire, trois ans prisonnier en Allemagne, cinq enfants à nourrir, etc... Le jeune qui tremble semble ne pas savoir le français. Le vieux est relâché et le jeune confié à la garde d'X.... Ce dernier commence par le menacer, et on procède au ligotage: rondins sous les aisselles, sous les genoux, on le ligote accroupi, etc... Devant lui, l'attroupement ridicule et les sottes plaisanteries de la foule. Les avis sont partagés. Peu osent vraiment dire ce qu'ils pensent... Le soir on attache le type à un poteau près de la roulante:[8] il est allongé, quelqu'un lui met une bassine sous la tête en guise d'oreiller, d'autres se récrient: «C'est trop beau pour ce boucaque»,[9] etc... On lui donne quand même à manger... C'est la première victime de la compagnie. J'aurai toujours devant les yeux ce visage douloureux et ce corps recroquevillé, attaché à des rondins, subissant les sarcasmes des soldats le soir de Noël.»

Il nous arrive parfois, chrétiens, de penser avec désespoir à ce qui est, en un certain sens, l'échec de la Rédemption: le mal toujours puissant sur la terre, la haine fermentant toujours dans les coeurs des hommes, et les baptisés eux-mêmes infidèles à la loi de l'Evangile, sourds à la voix des Béatitudes. De cet échec, comment ne pas retenir ce symbole – ces enfants d'une nation chrétienne qui martyrisent, un soir de Noël, un misérable musulman, pour qu'il leur dise où il a caché son fusil...

De telles méthodes de guerre – et ici, je mets tout ensemble tortures, exécutions, représailles – ne peuvent s'établir sans que le gouvernement y consente. Et le gouvernement ne saurait y consentir si l'opinion ne le laissait faire ou tacitement ne l'approuvait pas. Possible que l'opinion soit mal informée: mais à qui la faute? On est d'abord tenté de dire: aux journalistes, mais ceux-ci rétorqueront: il y a la censure, il y a même les perquisitions chez ceux qui ont l'air d'être trop bien renseignés; il y a la prison même. Tout cela est vrai, et suppose, de la part des démocrates qui gouvernent actuellement la France, des méthodes et un esprit plus conformes à un fascisme myope et larvé qu'à l'esprit de critique, de liberté et de justice qui définit le patriotisme en démocratie. Non, aucune excuse ne vaut à couvrir d'un silence général le scandale du plus précieux honneur de la France compromis et abîmé. Et, je le répète pour que soit bien compris le motif qui justifie ce livre:

notre responsabilité à tous est engagée, aussi longtemps que nous nous réfugions hypocritement dans la bonne conscience, – comme s'il nous suffisait de n'avoir pas personellement les mains sales, alors que nous sommes, sous le regard des peuples et sous le jugement de Dieu, complices des saletés par le consentement de nos coeurs ou par le silence de nos bouches.

Ici, nous touchons du doigt un problème moral qui vaudrait d'être élicidé: celui de la culpabilité collective. Si elle est entendue comme le principe qui permet de condamner un individu personnellement innocent pour une faute qui incombe généralement à une communauté dont il est membre, – quand par exemple les Allemands détruisaient Oradour par représailles contre les actes locaux de la Résistance, et quand, ensuite, les tribunaux français, condamnèrent des hommes appartenant au régiment qui avait brûlé Oradour sans avoir établi leur complicité personnelle, – la culpabilité collective pose un critère discutable dont les juristes ont raison de se méfier. Mais il est une façon tout inverse de l'entendre: comme la complicité positive d'un groupe, qui répond des actes d'une personne liée à lui, soit qu'il y ait une part directe par la pression de la conscience commune, soit indirecte en ayant laissé faire. En ce cas, le sentiment de la culpabilité collective est une forme spontanée de la passion de l'honneur: une famille se sent déshonoré parce qu'un de ses membres a failli, une troupe militaire parce qu'un des siens a été lâche, une cité par l'opprobre d'un citoyen, une nation parce que des crimes ont été commis en son nom. [...]

Dans une ère aussi chargée que la nôtre de scandales, de bêtises, de mensonges et de cruauté, il arrive souvent que l'écrivain perde coeur: à quoi bon dresser comme un château de sable, contre la marée aveugle et brute, la fragile barrière des lignes de mots, entasser les livres que l'indifférence étouffe, que la calomnie déforme et qu'ensevelira l'oubli? Cependant, l'acte de l'écrivain n'est pas sans efficace et sans noblesse s'il peut, ayant recueilli le cri solennel d'un petit gardien de chèvres en qui l'humanité fut offensée, l'aider à monter vers les étoiles, à franchir la mer, à réveiller l'homme – à réveiller la France. [...]

[...] Même si la torture d'un Arabe était payante, je dirais encore qu'elle est criminelle, qu'elle est intolérable comme une tache à l'honneur, et mortelle au sens où l'on dit qu'un péché est mortel: quelque chose de plus essentiel que la puissance s'en trouve atteint et détruit; une défaite plus intime et plus irréparable que la destruction d'une armée est subie à jamais. Dans un des journaux de soldats mobilisés en Algérie qu'il m'a été donné de lire, j'ai relevé la réponse atrocement éloquente qu'un lieutenant du type dur fit à un de ses camarades, scandalisé par l'horreur des tortures et des représailles: «Je ne crois pas à la mission de la France. L'armée, je l'ai au....[10] Je ne suis qu'un fonctionnaire, moi, et en régime totalitaire, je serais encore plus heureux.» Je pense, en effet, qu'une certaine éthique de la guerre totale, un certain ralliement aux méthodes d'un machiavélisme sans conscience et sans pitié ne sont possibles que dans un oubli criminel de la vocation de la France, dans une trahison de son âme. [...] Quant à nous, qui avons lutté contre la monstruosité raciste, nous étions donc des dupes et nous sommes aujourd'hui les vaincus d'Hitler, si notre patrie lui emprunte ses idées et ses moyens, et apostasie la foi humaine que nous avions crue immanente à son essence de nation.

Source: Pierre-Henri Simon, *Contre la Torture*, Paris, 1957, pp. 78–80, 108–10, 113–14, 122–3, © Editions du Seuil

THE RETURN OF DE GAULLE

Army-inspired uprisings in Algeria in mid-May 1958 started a crisis that would destroy the Fourth Republic in a matter of weeks. In declaring himself ready to assume power, de Gaulle was attacked by some – including Mendès-France and François Mitterrand – as aiding the fall of the Republic. But most saw him as a bulwark against the fascistic tendencies represented by the military, and as the only possible saviour of democracy. His investiture was carried out according to the legal procedures, and when his proposal for a new Constitution was put to the people in September 1958, it was approved by 80 per cent.

The following extracts from a speech given a few weeks before the referendum show de Gaulle's commitment to the Republican tradition, by outlining the history of the previous Republics from the time of the French Revolution. But his remarks also emphasize his view of the failures of the Fourth Republic, as well as his main proposals for remedying them: a strengthening of executive power, to promote internal cohesion and a more effective foreign policy; and a reorganizing of the former colonies into a French Commonwealth.

The Constitution of the Fifth Republic reflects de Gaulle's vision of France as needing strong government in order to attain a place of prestige and influence in the contemporary world. It continues the development he had launched in June 1940, and furthered during the time of the provisional government at the liberation. To that extent, it is a product of the Resistance mythology – to which the General alludes explicitly, moreover, in his speech.

Discours prononcé par le Général de Gaulle, Chef du Gouvernement de la Republique, le 4 septembre 1958, Place de la République, à Paris

C'est un temps où il lui fallait se réformer ou se briser que notre peuple, pour la première fois, recourut à la République. Jusqu'alors, au long des siècles, l'Ancien Régime avait réalisé l'unité et maintenu l'intégrité de la France. Mais, tandis qu'une immense vague de fond se formait dans les profondeurs, il se montrait hors d'état de s'adapter à un monde nouveau. C'est alors, qu'au milieu de la tourmente nationale et de la guerre étrangère, apparut le République! Elle était la souveraineté du peuple, l'appel de la liberté, l'espérance de la justice. Elle devait rester cela à travers les péripéties agitées de son histoire. Aujourd'hui, autant que jamais, nous voulons qu'elle le demeure.

Certes, la République a revêtu des formes diverses au cours de ses règnes successifs. En 1792, on la vit, révolutionnaire et guerrière, renverser trônes et privilèges, pour succomber, huit ans plus tard, dans les abus et les troubles qu'elle n'avait pu maîtriser. En 1848, on la vit s'élever au-dessus des barricades, se refuser à l'anarchie, se montrer sociale au-dedans et fraternelle au-dehors, mais bientôt s'effacer encore faute d'avoir accordé l'ordre avec l'élan du renouveau. Le 4 septembre 1870, au lendemain de Sedan,[11] on la vit s'offrir au pays pour réparer le désastre.

De fait, la République sut relever la France, reconstituer les armées, recréer un vaste Empire, renouer des alliances solides, faire de bonnes lois sociales, développer l'instruction. Si bien qu'elle eut la gloire d'assurer, pendant la première guerre mondiale, notre salut et notre victoire. Le 11 novembre, quand le peuple s'assemble et que les drapeaux s'inclinent pour la commémoration, l'hommage que la patrie décerne à ceux qui l'ont bien servie s'adresse aussi à la République.

Cependant, le régime comportait des vices de fonctionnement qui avaient pu sembler supportables à une époque assez statique, mais qui n'étaient plus compatibles avec les mouvements humains, les changements économiques, les périls extérieurs, qui précédaient la deuxième guerre mondiale. Faute qu'on y eût remédié, les événements terribles de 1940 emportèrent tout.[12] Mais quand, le 18 juin, commença le combat pour la libération de la France, il fut aussitôt proclamé que la République à refaire serait une République nouvelle. La Résistance tout entière ne cessa pas de l'affirmer.

On sait, on ne sait que trop, ce qu'il advint de ces espoirs. On sait, on ne sait que trop, qu'une fois le péril passe, tout fut livré et confondu à la discrétion des partis.[13] On sait, on ne sait que trop, quelles en furent les conséquences. A force d'inconsistance et d'instabilité et quelles que pussent être les intentions, souvent la valeur, des hommes, le régime se trouva privé de l'autorité intérieure et de l'assurance extérieure sans lesquelles il ne pouvait agir. Il était inévitable que la paralysie de l'Etat amenât une grave crise nationale et qu'aussitôt la République fût menacée d'effondrement.

Le nécessaire a été fait pour obvier à l'irrémédiable à l'instant même où il était sur le point de se produire. Le déchirement de la nation fut, de justesse, empêché. On a pu sauvegarder la chance ultime de la République. C'est dans la légalité que moi-même et mon Gouvernement avons assumé le mandat exceptionnel d'établir un projet de nouvelle Constitution et de le soumettre à la décision du peuple.

Nous l'avons fait sur la base des principes posés lors de notre investiture. Nous l'avons fait avec la collaboration du Conseil consultatif institué par la loi. Nous l'avons fait après délibérations très libres et très approfondies de nos propres Conseils des ministres; ceux-ci formés d'hommes aussi divers que possible d'origines et de tendances, mais résolument solidaires. Nous l'avons fait, sans avoir, entre-temps, attenté à aucun droit du peuple, ni à aucune liberté publique. La nation, qui seule est juge, approuvera ou repoussera notre oeuvre. Mais c'est en toute conscience que nous la lui proposons.

Ce qui, pour les pouvoirs publics, est désormais primordial, c'est leur efficacité et leur continuité. Nous vivons en un temps où des forces gigantesques sont en train de transformer le monde. Sous peine de devenir un peuple périmé et dédaigné, il nous faut, dans les domaines scientifique, économique, social, évoluer rapidement. D'ailleurs, à cet impératif répondent le goût du progrès et la passion des réussites techniques qui se font jour parmi les Français et, d'abord, dans notre jeunesse. Il y a là des faits qui dominent notre existence nationale et doivent, par conséquent, commander nos institutions.

La nécessité de rénover l'agriculture et l'industrie, de procurer les moyens de vivre, de travailler, de s'instruire, de se loger, à notre population rajeunie, d'associer les travailleurs à la marche des entreprises, nous pousse à être, dans les affaires publiques, dynamiques et expéditifs. Le devoir de ramener la paix en Algérie, ensuite celui de la mettre en valeur, enfin celui de régler la question de son statut et de sa place dans notre ensemble, nous imposent des efforts difficiles et prolongés.[14] Les perspectives que nous ouvrent les ressources du Sahara sont magnifiques, certes, mais complexes.[15] Les rapports entre la métropole et les territoires d'outre-mer exigent une profonde adaptation. L'univers est traversé de courants qui mettent en cause l'avenir de l'espèce humaine et portent la France à se garder tout en jouant le rôle de mesure, de paix, de fraternité, que lui dicte sa vocation. Bref, la nation française refleurira ou périra suivant que l'Etat aura ou n'aura pas assez de force, de constance, de prestige pour la conduire là où elle doit aller.

C'est donc pour le peuple que nous sommes, au siècle et dans le monde où nous sommes, qu'a été établi le projet de Constitution. Que le pays puisse être effectivement dirigé par ceux qu'il mandate et leur accorde la confiance qui anime la légitimité. Qu'il existe, au-dessus des luttes politiques, un arbitre national, élu par les citoyens qui détiennent un mandat public, chargé d'assurer le fonctionnement régulier des institutions, ayant le droit de recourir au jugement du peuple souverain, répondant, en cas d'extrême péril, de l'indépendance, de l'honneur, de l'intégrité de la France et du salut de la République. Qu'il existe un Gouvernement qui soit fait pour gouverner, à qui on en laisse le temps et la possibilité, qui ne se détourne pas vers autre chose que sa tâche, et qui, par-là, mérite l'adhésion du pays. Qu'il existe un Parlement destiné à représenter la volonté politique de la nation, à voter les lois, à contrôler l'exécutif, sans prétendre sortir de son rôle. Que Gouvernement et Parlement collaborent mais demeurent séparés quant à leurs responsabilités et qu'aucun membre de l'un ne puisse, en même temps, être membre de l'autre. Telle est la structure équilibrée que doit revêtir le pouvoir. Le reste dépendra des hommes.

'[. . .] Qu'entre la nation française et ceux des territoires d'outre-mer qui le veulent, soit formée une Communauté, au sein la laquelle chaque territoire va devenir un Etat qui se gouvernera lui-même, tandis que la politique étrangère, la défense, la monnaie, la politique économique et financière, celle des matières premières, le contrôle de la justice, l'enseignement supérieur, les communications lointaines, constitueront un domaine commun. Ainsi, cette vaste organisation rénouera-t-elle l'ensemble humain groupé autour de la France. Ce sera fait en vertu de la libre détermination de tous. En effet, chaque territoire aura la faculté, soit d'accepter par son vote au référendum la proposition de la France, soit de la refuser et, par là même, de rompre avec elle tout lien. Devenu membre de la Communauté, il pourra dans l'avenir, après s'être mis d'accord avec les organes communs, assumer son propre destin independamment des autres.

...Voilà, Françaises, Français, de quoi s'inspire et en quoi consiste la Constitution qui sera, le 28 septembre, soumise à vos suffrages. De tout mon coeur, au nom de la France, je vous demande de répondre: Oui!

Si vous ne le faites pas, nous en reviendrons, le jour même, aux errements que vous savez.[16] Si vous le faites, le résultat sera de rendre la République forte et efficace, pourvu que les responsables sachent, désormais, le vouloir! Mais il y aura aussi, dans cette manifestation positive de la volonté nationale, la preuve que notre pays retrouve son unité et, du coup, les chances de sa grandeur. Le monde, qui discerne fort bien quelle importance notre décision va revêtir pour lui-même, en tirera la conclusion. Peut-être l'a-t-il, dès à présent, tirée! Un grand espoir se lèvera sur la France. Je crois qu'il s'est déjà levé!

Vive la République!

Vive la France!

Source: Discours du 4 septembre 1958, Librairie Plon

THE WAR REVISITED

Among the many challenges to the Resistance mythology that emerged in the post-de Gaulle era, one of the most striking is the work of Patrick Modiano. Modiano astonished the literary world in 1968 with his iconoclastic novel *La Place de l'Etoile*, and has since established himself as one of France's leading writers. Born in Paris at the time of the liberation (1945) of a Belgian mother who, during the Occupation, had worked for a German film company, and of a Jewish father who, in order to survive, had resorted to shady dealings, Modiano feels himself to be a product of the ambiguities of those troubled years, and returns to

them obsessively, especially in his early work. Less concerned with historical reconstruction than with showing how the present is still infused with a spirit of uncertainty inherited from those times, he creates a strange, nightmarish world.

His characters – an antisemitic Jew, for example, or a double agent working for both Resistance and Gestapo, or an amnesiac searching for his identity – are shadowy and ambivalent. Their quest for clarity reflects the author's own attempt to come to terms with the circumstances of his birth and life, and beyond that, Modiano succeeds in suggesting a wider meaning; that the Occupation period holds many of the keys to understanding the France of today, and conversely, that the France of today remains haunted by repressed memories of the Occupation.

The following passage is extracted from *Livret de famille* (1978). On a June evening in the mid-1970s, the narrator is revisiting the quai Conti apartment where he spent his childhood. In the presentation of the way in which the past spills into the present, there is both nostalgia, and the uncomfortable sensation of a hidden threat.

Quai Conti

La chambre baignait dans cette lumière de soleil couchant qui faisait, sur le mur du fond, de petits rectangles dorés, les mêmes qu'il y a vingt ans. L'une des fenêtres était entrouverte et je me suis accoudé à la barre d'appui. Très peu de circulation. Quelques pêcheurs tardifs à la pointe de l'île, sous les feuillages lourds du jardin du Vert-Galant.[17] Un bouquiniste[18] dont je reconnaissais la haute silhouette et la pèlerine – il était déjà là du temps de mon enfance – pliait son siège de toile portatif et s'en allait d'une démarche lente vers le pont des Arts.

A quinze ans, lorsque je me réveillais dans cette chambre, je tirais les rideaux, et le soleil, les promeneurs du samedi, les bouquinistes qui ouvraient leurs boîtes, le passage d'un autobus à plate-forme,[19] tout cela me rassurait. Une journée comme les autres. La catastrophe que je craignais, sans très bien savoir laquelle, n'avait pas eu lieu. Je descendais dans le bureau de mon père et j'y lisais les journaux du matin. Lui, vêtu de sa robe de chambre bleue, donnait d'interminables coups de téléphone. Il me demandait de venir le chercher, en fin d'après-midi, dans quelque hall d'hôtel où il fixait ses rendez-vous. Nous dînions à la maison. Ensuite, nous allions voir un vieux film ou manger un sorbet, les nuits d'été, à la terrasse du Ruc-Univers. Quelquefois nous restions tous les deux dans son bureau, à écouter des disques ou à jouer aux échecs, et il se grattait de l'index le haut du crâne avant de déplacer un pion. Il m'accompagnait jusqu'à ma chambre et fumait une dernière cigarette en m'expliquant ses «projets».[20]

Et comme les couches successives de papiers peints et de tissues qui recouvrent les murs, cet appartement m'évoquait des souvenirs plus lointains: les quelques années qui comptent tant pour moi, bien qu'elles aient précédé ma naissance. A la fin d'une journée de juin 1942, par un crépuscule aussi doux que celui d'aujourd'hui, un vélo-taxi[21] s'arrête, en bas, dans le renforcement du quai Conti, entre la Monnaie et l'Institut. Une jeune fille descend du vélo-taxi. C'est ma mère. Elle vient d'arriver à Paris par le train de Belgique.

Je me suis souvenu qu'entre les deux fenêtres, à proximité des étagères de livres, il y avait un secrétaire[22] dont j'explorais les tiroirs lorsque j'habitais cette chambre. Parmi les vieux briquets, les colliers de pacotille et les clés qui n'ouvrent plus aucune porte – mais quelles portes ouvraient-elles? – j'avais découvert de petits agendas des années 1942, 1943 et 1944, qui appartinrent à ma mère et que j'ai perdus depuis. A force de les feuilleter, je connaissais par coeur toutes les indications brèves qu'elle y avait consignées. Ainsi, un jour de l'automne 1942, elle avait noté: «Chez Toddie Werner – rue Scheffer.»

C'est là qu'elle a rencontré mon père pour la première fois. Une amie l'avait entraînée dans cet appartement de la rue Scheffer qu'habitaient deux jeunes femmes: Toddie Werner, une juive allemande qui vivait sous une fausse identité et son amie, une certaine Liselotte, une Allemande, mariée à un Anglais qu'elle essayait de faire libérer du camp de Saint-Denis.[23] Ce soir-là, une dizaine de personnes étaient réunies rue Scheffer. On bavardait, on écoutait des disques et les rideaux tirés de la Défense passive rendaient l'atmosphère encore plus intime. Ma mère et mon père parlaient ensemble. Tous ceux qui étaient là, avec eux, et qui auraient témoigné de leur première rencontre et de cette soirée, ont disparu.

En quittant la rue Scheffer, mon père et Géza Pellemont voulurent aller chez Koromindé,[24] rue de la Pompe. Ils invitèrent ma mère à les accompagner. Ils montèrent dans la Ford de Pellemont. Celui-ci était citoyen suisse et il avait obtenu un permis de circuler.[25] Mon père m'a souvent dit que lorsqu'il s'asseyait sur la banquette de la Ford de Pellemont, il avait l'impression illusoire de se trouver hors d'atteinte de la Gestapo et des inspecteurs de la rue Greffulhe, parce que cette voiture était, en quelque sorte, un morceau du territoire helvétique.[26] Mais les miliciens la réquisitionnèrent un peu plus tard et ce fut dans cette Ford qu'ils assassinèrent Georges Mandel.[27]

Chez Koromindé, ils laissèrent passer l'heure du couvre-feu, et ils restèrent là, à bavarder, jusqu'à l'aube.[28]

Les semaines suivantes, mon père et ma mère firent plus ample connaissance. Ils se retrouvaient souvent dans un petit restaurant russe, rue Faustin-Hélie. Au début, il n'osait pas dire à ma mère qu'il était juif. Depuis son arrivée à Paris, elle travaillait au service 'synchronisation' de la Continental, une firme de cinéma allemande, installée sur les Champs-Elysées. Lui se cachait dans un manège du bois de Boulogne dont l'écuyer était l'un de ses amis d'enfance.

Hier, nous nous promenions, ma petite fille et moi, au jardin d'Acclimatation et nous arrivâmes, par hasard, en bordure de ce manège. Trente-trois ans avaient passé. Les bâtiments en brique des écuries où se réfugiait mon père n'avaient certainement pas changé depuis, ni les obstacles, les barrières blanches, le sable noir de la piste. Pourquoi ici plus que dans n'importe quel autre endroit, ai-je senti l'odeur vénéneuse de l'Occupation, ce terreau d'où je suis issu?

Source: Patrick Modiano, *Livret de Famille*, Paris, 1978, © Editions Gallimard

Conclusions

The Second World War was for the French a crucible of great transformation, in terms both of national self-perception, and of the nation's place in world affairs. The 1940 defeat was more than a blow to patriotic pride: it was the incontrovertible proof that the France of that time no longer had the cohesion or resilience to maintain itself. The country that so unwillingly went to war was one that had dishonoured its word by breaking its treaty with Czechoslovakia, and one that was inwardly divided. The Occupation brought out the worst in the defeated people, and the best.

The wide popular support for Pétain and the Vichy government provided the basis for organized national collaboration with Hitler's war aims, including military help against the Allies, and the systematic persecution of the Jews. Collaborationist policies had strong intellectual support as well, and there were serious and identifiable trends towards a specifically French fascism. The costs of the German Occupation destroyed the national economy, and imposed severe hardship on the population, especially in the cities. Against this background, black market trafficking and profiteering thrived, as did the writing of letters of denunciation.

Resistance grew slowly. The boldly-spoken, but slimly-supported 'Free France' movement launched by de Gaulle from London on 18 June 1940 needed the emergence of the communist underground in France before it could become a credible force. With skilled leadership and great courage, however, resistance fighters, inspired by the democratic ideals of freedom and fraternity, progressively turned public opinion in their favour – helped, it must be said, by the increasingly oppressive activities of the Occupation forces and the Vichy government.

French soldiers – from the underground networks and from the reconstituted regular army – played a significant part in the battles to liberate France, but de Gaulle's strategy to rebuild the nation's sovereignty and prestige could not but take account of the fact that the pre-war Great Power was now dependent, for its existence, on the newly emerged super-powers. Sovereignty and prestige would thus, henceforth, be relative, and France's role in the world much reduced.

The liberation brought a temporary unification of the major political groups in France, but the ill-defined and messily executed purge of collaborationists reflected the uncertainty of collective attitudes. The ethos of unity achieved by the Resistance was not a strong enough force to prevent the reappearance of the pre-war divisions in the constitution of the Fourth Republic. Until 1958, reconstruction followed an erratic path, complicated by the Cold War and the problems of colonial withdrawal.

De Gaulle's return to power, and the creation of the Fifth Republic Constitution, provided a period of greater stability in internal politics and a more settled view of France's future world role, both as a voice of independence in the face of the super-powers, and as an active participant in the new Europe. However, his vision of History, of which the cornerstone was the unity of the Resistance, largely ignored the experience shared by the majority of those who had lived under the Occupation, and since the de Gaulle era, there has been extensive re-investigation of the period.

Sometimes the results have been unpalatable and

painful: the degree of collaboration, the wait-and-see attitude of the population at large. Sometimes, too, the re-opening of the Occupation to scrutiny has led to attempts to rehabilitate the memory of condemned collaborationists, such as Laval and Brasillach, or Darquier de Pellepoix – not to mention Pétain. With the passage of time, however, and the inevitable death of many of those most directly involved, a more serene approach has become possible. Although those born in France during, or shortly after the Occupation have grown up, like Patrick Modiano, with a sense of confusion and contradiction, or with very little knowledge about it at all, those of the next generation have been taught the period clearly and comprehensively, 'warts and all'.

Most of today's major French writers and filmmakers have felt the need to treat some aspects of the nation's experience of the Second World War, and leading political figures will continue to rely on resistance activity as an important criterion of their worth. Perhaps, in time, that will change, but study of the period will continue to yield instructive insight into France's exemplary struggle to survive the trauma which exposed its identity to near-annihilation.

Chronology

1933	January	Hitler takes power in Germany.
1934	January	The Stavisky scandal breaks in France.
	February 6–8	Paris riots.
1936	April–May	Election of the *Front Populaire* government. Dissolution of the Rightwing 'Ligues'.
	July	Beginning of the Spanish Civil War.
1937	June	End of the *Front Populaire* government.
1938	March 11–15	The 'Anschluss' in Austria.
	April	Daladier becomes Prime Minister in France.
	September 26	Partial mobilization in France.
	September 29–30	Munich Conference.
1939	March	German occupation of Prague.
	May 22	Hitler and Mussolini sign the 'Pact of Steel'.
	August 23	German-Soviet non-aggression pact. Dissolution of the French Communist Party.
	September 1	German invasion of Poland.
	September 3	Britain and France declare war on Germany.
	September 5	USA declares its neutrality.
	September–May 1940	The 'drôle de guerre'.
1940	May 10	German attack in Belgium. Churchill becomes Prime Minister in Britain.
	May 15	Capitulation of the Netherlands.
	May 19	Weygand replaces Gamelin as Supreme Allied Commander.
	May 28	Capitulation of Belgium.
	May 27 to June 4	Operation 'Dynamo': the Dunkirk evacuation.
	June 3	Paris bombed by Luftwaffe.
	June 5	Second German offensive begins.
	June 6–8	Collapse of Weygand's front on the Somme and the Aisne.
	June 10	Italy enters war. French government leaves Paris.
	June 11–12	*L'Exode*. Paris declared an open city.
	June 14	French government in Bordeaux. German troops enter Paris.
	June 18	De Gaulle's call to Resistance.
	June 25	The Armistice takes effect.

June 28	The British government recognizes de Gaulle as head of the Free French.
July 3	Sinking by British navy of the French fleet at Mers el-Kébir.
July 10	At Vichy, Pétain's government is granted absolute rule by the National Assembly. Laval is second-in-command.
August 26–8	French Equatorial Africa and Cameroon join the Free French.
September 23	Dakar resists Anglo-gaullist invasion.
October 3	First antisemitic legislation is passed.
October 22	Laval meets Hitler at Montoire.
October 24	Pétain meets Hitler at Montoire.
October 30	Pétain announces his intention to collaborate with the Germans.
November 11	Public demonstration, by students, on the Champs-Elysées.
December 13	Pétain rejects Laval.
December 15	The 'Aiglon's' ashes are returned to Paris.
1941 February 1–2	Creation of the collaborationist Rassemblement National Populaire (RNP).
March 29	Creation of the Commissariat général aux questions juives (CGQJ) with Xavier Vallat as head.
May 14	Over 1000 foreign Jews arrested in Paris by French police.
June 2	Reinforcement of legislation on the Status of Jews.
June 14–15	First national congress of the RNP.
June 21–2	Congress of Doriot's Parti Populaire Français.
June 22	The Germans invade the USSR.
July 7	Creation of the Légion des Volontaires français contre le bolchevisme (LVF).
August 27	First contingent of the LVF leaves for the Russian front. Failed assassination attempt against Laval.
September 16 and 22	First execution of French hostages by the Germans. De Gaulle constitutes the Comité National Français (CNF).
October 10	The collaborationist parties decide to increase cooperation among themselves.
October 23	Another major execution of hostages (27 communists).
December 7	The Japanese attack on Pearl Harbor.
1942 January 1	Jean Moulin is parachuted into France as de Gaulle's representative.
March 3–4	British bombing of the Renault factory in the Paris suburb of Boulogne-Billancourt.
March 27	First departure of a major convoy of Jewish deportees to Auschwitz.
April 18	Laval returns to power in Vichy, as head of government.
May 29	The wearing of the yellow star becomes obligatory for Jews.
June 22	Laval gives a speech in which he declares: 'Je souhaite la victoire de l'Allemagne car, sans elle, le bolchevisme s'installerait partout.'
July 14	'La France libre' is renamed 'La France combattante' marking the extension of de Gaulle's authority to the internal resistance movements.
July 16–17	Round-up of 20,000 Jews in Paris: the *rafle du Vel d'Hiv*, by 9,000 French Police.
September 4	Legislation is passed for Forced Labour in Germany: 'le Service de

	Travail Obligatoire' (STO).
October 30	De Gaulle names General Delestraint in charge of the 'Armée secrète'.
November 8	Allied landing in North Africa.
November 11	The Germans occupy the Southern Zone.
November 27	The French fleet at Toulon scuttles itself to avoid falling into German hands.
1943 January 30	Creation of *Milice*.
February 2	Capitulation of the German army at Stalingrad.
February 15	The STO is put into effect.
March 1	The Demarcation line is suppressed.
March 18	Giraud declares Algeria independent of Vichy
June 3	The creation, in Algiers, of the Comité Français de la Libération Nationale (CFLN) with Giraud and de Gaulle as co-presidents.
June 21	Arrest of Jean Moulin, president of the Conseil National de la Résistance (CNR).
November	Two French divisions join the allied invasion of Italy.
December 3	In Vichy, Joseph Darnand becomes Secretary of State for the maintenance of order.
1944 January	Philippe Henriot joins the Vichy Government as head of Information and Propaganda.
March	The Milice helps the Germans clear the *maquis* at Glières (Haute Savoie).
April 26	Pétain is acclaimed in Paris.
June 6	The Allied landing in Normandy.
August 19–25	Liberation of Paris.
September 7	Laval and Pétain are taken to Sigmaringen in Germany.
September 15	Organization of special courts for the 'Épuration'.
September 23	Decree incorporating the FFI into the army.
October 23	The Allies recognize the provisional government.
November 23	Leclerc's troops enter Strasbourg.
November 27	Thorez returns to France.
December 10	Franco-Soviet pact signed in Moscow.
1945 January 16	Renault is nationalized.
April 9	Nationalization of Gnome et Rhône and Air France.
April 25	Meeting of Russian and American Armies.
April 29 and May 13	Municipal elections.
May 8	Germany surrenders.
July 23–August 15	Trial and sentence of Pétain.
August 6	US A-bomb on Hiroshima.
August 15	Japan surrenders.
August 16	Ho Chi Minh's call for general insurrection in Indochina.
October 4–15	Trial and execution of Laval.
October 5	Arrival of the French expeditionary force in Saigon.
October 21	Legislative elections.
1946 January 20	Resignation of de Gaulle.
October 13	Referendum on Constitution.

War and Identity

December 19	Indochina uprising.
1947 March–April	Uprising and repression in Madagascar.
May	Communists excluded from government.
June	France and Britain accept the Marshall Plan.
1948 May 14	Proclamation of the State of Israel.
1949 July	Suppression of the 'cours de justice' created for the 'Épuration'.
September	Birth of the People's Republic of China.
1950 June	Beginning of the Korean war.
1951 July 16	Death of Pétain.
1952 July	French law providing for development of nuclear energy.
1953 March 5	Death of Stalin.
July	Armistice in Korea.
1954 May 7	Fall of Dien Bien Phu.
November	Beginning of Algerian uprising.
1956 March	Independence of Morocco and Tunisia.
July	Nationalization of the Suez canal by Egypt.
October–November	Uprising and repression in Hungary.
1957 March	Treaty of Rome, creating the European Economic Community.
1958 January	Opening of European Economic Community.
June 1	De Gaulle's return to power.
September	Referendum on new Constitution.
December 21	De Gaulle first President of the Fifth Republic.
1968 May	Student and worker riots in France.
1969 April	De Gaulle resigns.
1970 November 9	Death of de Gaulle.

Notes

1 ON THE EVE OF THE WAR: A NATION DIVIDED

1. The *Action Française* was a nationalist and royalist movement founded by Charles Maurras (1868–1952) and others at the time of the Dreyfus Affair. It exerted considerable influence on French opinion. Its daily newspaper, of the same name, began in 1908. Because of Maurras's belief in the integrity of Latin culture, the *Action Française* was sympathetic to Mussolini, and despite its anti-German bias, by the mid-1930s, with its authoritarian doctrines, its leadership cult, and its antisemitism, it became one of the important models for French fascism.

2. *France in Ferment*, London, 1934, p. 284.

3. The Conseil d'Etat is France's highest administrative tribunal which rules on matters of government legislation. Its members are selected on the basis of competitive examination.

4. Charles Maurras attacked Blum with savage regularity during this period, with what amounted to incitements to assassination.

5. Satory is a military camp just outside of Versailles, where the Thiers government was established.

6. Especially to the newly created penal colony in New Caledonia.

7. The closed fist salute was the international sign of solidarity of the working class; the raised arm with open hand was the nationalist/fascist salute.

8. Marcel Cachin (1869–1958), communist member of parliament, and director of the Communist Party newspaper, *L'Humanité*.

9. Maurice Thorez (1900–1964), secretary-general of the French Communist Party.

10. Pierre Bonny (?–1944), police officer whose career was broken over the Stavisky Affair. During the Occupation, with Henri (Chamberlin) Lafont, he led the 'bande de la rue Lauriston', one of the most notorious French Gestapo–black market networks. He was executed at the liberation.

11. **La Carmagnole** was a song (and dance) from the time of the French Revolution. **L'Internationale**, written in France during the Commune, was adopted as the anthem of the international socialist movement.

12. **casser la croûte**: to have a snack. Note how the ironic context in which 'démocratiquement' is used continues the strategy of guilt by association: since this ugly behaviour is *democratic*, therefore democracy itself must be at fault.

13. The city was systematically bombed by the Nationalist air force and simultaneously subjected to artillery bombardment: c.f. below – 'le sombre tam-tam du canon'.

14. Various types of victims of the political purges of the Hitlerian régime in Germany. In fact, the German battalion had a section of British machine-gunners attached to it. See Hugh Thomas, *The Spanish Civil War*, London, 1961, pp. 322ff, where this episode of the war is described in detail.

15. The battle of the University City lasted over two weeks (7–23 November, 1936). On the outskirts of Madrid, it was a crucial point of entry for the Falangists. They eventually failed, leaving Madrid in Republican hands, but isolated. The charge at the 'West Park' (between the University City and Madrid itself) occurred on 15 November, and allowed the Moroccans to take over more than half of the University City, including the Clinical

Hospital.

16. Having come directly from another part of the front.

17. The 'Moors': Moroccan soldiers and legionaries, feared for their accuracy with machine-guns.

18. They are willing to be used as decoys.

19. Giraudoux (1882–1944) was a playwright, novelist and diplomat. His story *Siegfried et le Limousin*, written both as novel (1922) and play (1928) is a lyrical expression of his ideals.

20. Jules Romains (1885–1972), best known for his multi-volume novel cycle *Les Hommes de bonne volonté*, wrote in 1934 *Le Couple France-Allemagne*, an impassioned plea for French-German reconciliation.

21. Most notably the poet Alphonse de Châteaubriand and the essayist Robert Brasillach.

22. **boches**: pejorative word for Germans.

23. **crever**: slang – 'to die'.

24. **biaiser**: 'to be indirect'. Céline intends to go straight to the point.

25. Allusion to the fatted calf of the Prodigal Son parable. Céline is demanding that if anyone is to be sacrificed, it should be the Jews.

26. The spineless French: a typical right-wing view of the national decadence.

27. **vinasseux**: slang – 'drunken'.

28. **dégueulage**: slang – 'vomit'.

29. **dérétinisants** – neologism, from 'rétine' ('retina'): blinding. The idea is that even the most decadent Aryan is worth more than a multitude of the most brilliant Jews.

30. At the liberation, Céline fled to Denmark, where he was imprisoned as an illegal immigrant, but which also spared him the post-war purge in France, to which he returned in 1951. One of his last novels, *D'un Château l'autre* (Paris 1957) gives an epic and comic account of the last days of Pétain's collaborationist government in the German town of Sigmaringen.

31. **Berchtesgaden**: The town in the Bavarian Alps where Hitler had his favourite private residence, his 'eagle's nest'.

32. At this stage, the Anglo-French proposals aimed at satisfying the demands of the rebelling Sudetens within the framework of the Czech state. The Czechs agreed, but the demands were increased, forcing the Allies to back down even further. For a detailed account of the complicated events and diplomatic manoeuvres see, for example, A.J.P. Taylor, *The Origins of the Second World War*, London, 1961, chapter 8.

33. Edvard Benes (1884–1948) had been Foreign Minister of Czechoslovakia before becoming President. He resigned over the Munich agreements, and went on to form a Czech government in exile in London during the war. Milan Hodza (1878–1944) was Prime Minister, and also resigned.

34. The USSR would have been willing to intervene to help Czechoslovakia, but was prevented access through the Danzig corridor by Poland, which hoped to gain from a partition of Czechoslovakia.

35. *Carnets de la drôle de guerre: novembre 1939–mars 1940*, Paris, 1983.

36. Ibid., p. 43.

37. *The Road back to Paris*, London, 1944, pp. 39–40.

38. **Mein Kampf** ('My Struggle'), Hitler's 1925 incitement to war, is contrasted with an (imaginary) ideal of peace ('Frieden').

39. Note the disguised appeal to the US, which was at this stage holding to its isolationist policy.

40. C.f. above 'au cœur de l'hiver' (line 1), and the hope derived from the change of season.

41. Note how intellectual Giraudoux's argument is.

42. *Mein Kampf*.

43. **limitrophes**: bordering.

44. Giraudoux's point is that Germany does not want distant colonies, but domination of Europe.

45. This projection of a German occupation of France proved very accurate. See below, Chapters 3 and 4.

46. Allusion to the ill-fated League of Nations.

2 THE DÉBÂCLE (10 MAY–20 JUNE 1940)

1. That is, a bit over 100 miles north-east of

Paris.

2. Making the best of difficult circumstances – compare below 'cet esprit d'adaptation' – will be enthroned as a general virtue under the Occupation, with the nickname 'Le Système D', which has now passed into common use. The 'D' stands (in the polite register) for 'Débrouillardise'.

3. Notice the use of the pejorative term: compare 'hitlériens', below.

4. '**Les diables rouges**' is the nickname of the 152nd Colmar Regiment, famed for its distinguished service in the First World War.

5. This was the first Luftwaffe raid on the Paris region: over 250 people were killed.

6. The tone of Churchill's speech should be compared with those of Pétain and de Gaulle. It is worth noting, too, his conviction that the United States, despite its isolationist policies, would not in the long run allow Hitler to take over Europe.

7. This smoke pall was caused by the burning of archives and records, but especially by the destruction of underground fuel reservoirs, so that they would not be of use to the Germans.

8. Albert Sarraut (1872–1962) was one of the Third Republic's most durable political figures. Over the years, he held various portfolios, and was three times Minister of the Interior (1926–8, 1934–5, 1938–40).

9. Heroine of Maeterlinck's symbolist drama *Pelléas et Mélisande* (1892) and of Debussy's opera of the same name (1902). The allusion seems to be to the mysterious, intangible nature of the character.

10. Notice how this enumeration of lost 'golden ages' ties in with the argument for inevitable decadence, and prepares the following idea of future glory being destined to 'others'. Consciously or not, Sachs is serving the propagandists of the 'Thousand-Year Reich'.

11. Pétain is alluding here to the falling birthrate and ageing population in France, phenomena which had been going on for well over a century, and which undoubtedly did disadvantage France in terms of army size. See Philippe Ariès, *Histoire des populations françaises*, Paris, 1971 (coll. Points Histoire, Seuil).

12. In occupied France, these daily French broadcasts of Radio London would become a principal source of information about the outside world. Although it was forbidden, and sometimes severely punished, listening to these programmes was very widespread among the population.

13. **Télégraphie Sans Fil**: wireless, or radio.

14. Daladier's role in the fall of France has been discussed in Chapter 1. For the Groult sisters, there is no difference between him and Paul Reynaud, both members of the political caste that has failed the nation.

15. Admiral François Darlan (born 1881) was head of the French Fleet in 1939–40, and was to occupy various positions of power under Vichy. A perfect example of political opportunism, he tried to deal with Hitler as well as with the Americans. He was assassinated in Algiers in 1942.

16. A fashionable restaurant near the Bois de Boulogne.

17. Allusion to the scandalous play by Alfred Jarry, *Ubu Roi* (1896), where the first word is a slightly transformed version of the 'mot de Cambronne', intended to shock the public. Benoîte Groult's identification with the grotesque Ubu's resentful wife is indicative of her discouragement.

18. The spelling reveals how little de Gaulle was as yet known.

19. **'L'Auberge du Cheval Blanc'**: 'The White Horse Inn': Benatsky's operetta (1930) was very popular in France in the pre-war period as a light-hearted love-story; 'L'Auberge des Advets' (by Antier and Saint-Amand) is an 1823 melodrama in which was created the character of the famous confidence trickster, Robert Macaire. The symbolic meaning of the seemingly flippant artistic comparison is in the sense of lost innocence.

3 OCCUPATION I: DISILLUSIONMENT AND ILLUSIONS

1. *Les Noyers de l'Altenburg* was first published in Switzerland in 1943, and then in France in 1948. It was described as the first volume of a larger novel called *La Lutte avec l'ange*, the

rest of which Malraux claimed to have been destroyed by the Gestapo. He never reworked *Les Noyers* as such, but used slabs of it in subsequent works, particularly in his *Antimémoires* (1967).

2. Ten days after the panic-stricken exodus from Paris, people are already beginning to drift back to their homes. See previous chapter.

3. It is too early for the locals, on whom the soldiers pin their hopes of scraps of food, to have risen.

4. Remember that *sentinelle*, in French, is always a feminine word. Here 'elle' is the German sentry who will turn a blind eye on the woman's gift of bread.

5. **tanières**: lairs. Malraux sustains throughout the passage a sense of the prisoners being reduced to the status of animals.

6. Notice the sense of interminable waiting, and how imprisonment affects the prisoners' sense of time.

7. The ration cards gave a theoretical allowance of food per person, but often shops had no supplies – or claimed not to. See below: 'The Black Market', p. 34.

8. Note that Guéhenno, like Malraux, uses imagery suggesting the reduction of the people to the status of animals.

9. With their superior force, the German soldiers can easily keep the destitute French in a docile state.

10. The ban on Freemasons and secret societies would soon be extended to include Jews. See below, p. 41ff.

11. For example, Maurice Martin du Gard, *La Chronique de Vichy*, Paris, 1948; or Lucien Rebatet, *Les Décombres*, Paris, 1943 (reprinted in *Les Mémoires d'un fasciste*, Paris, 1976).

12. Pétain succeeded in keeping Laval from power for over a year, from December 1940 to April 1942, but at the expense of making the relationship with Germany even more difficult.

13. There is considerable unintended irony here: the conditions imposed on Germany by France in 1918 were in fact crippling.

14. **Mers el-Kébir**: A major port on the coast of Algeria. After the armistice, a sizeable part of the French fleet took refuge there. Churchill, afraid that the ships would fall into German hands, sent a naval expedition under Admiral Somerville with a ultimatum: disarm or be sunk. Under instructions from Vichy, the French Admiral, Gensoul, rejected the ultimatum, although his ships were for the most part trapped in the harbour and unable to move. In the ensuing engagement (3 July 1940), almost all the French ships were sunk or destroyed, and nearly 1,300 French sailors were killed. This event served to inflame anti-British sentiment in France.

15. **Dakar** (Senegal) was the capital of French West Africa. In September 1940, de Gaulle attempted, with the aid of a small British fleet, to land there to bring the colony under his control. With German permission, Vichy sent ships to drive the Allies away. For the collaborationists, this battle became a symbol of how France could act independently.

16. Hitler made no concessions affecting the conditions of occupation. Because it suited Germany strategy, however, France was given permission to defend its own colonies – under German inspection. It did so successfully in 1941, during the ill-fated Anglo-Gaullist invasion of Syria.

17. Sachs, himself Jewish, does not seem to be aware that the Vichy government actually initiated its own antisemitic programme, in advance of any German pressure to do so.

18. The Duc de Reichstadt (1811–32) was the son of Napoleon Bonaparte, and was nicknamed *l'Aiglon*. The return of his ashes by Hitler was a rather feeble gesture of Franco-German understanding.

19. Sachs believes that the Parisians – **gouailleurs** (cheeky) and **narquois** (mocking) had little sense of reverence for the event, being more concerned with their need for heating fuel than for the Aiglon's ashes.

20. **d'étude, de cabinet**: Allusion to the chambers and surgeries of lawyers and doctors. The point is that only the aristocracy and the upper-class professions could avoid trafficking – which does not mean that they were not clients!

21. **d'origine**: That is, from the Cognac region,

rather than an imitation.

22. Various police services used telephone tapping as a means of gathering information.

23. **Fouquet's**: a fashionable and expensive restaurant-bar on the Champs-Elysées.

24. **alcools**: after-dinner liqueurs.

25. **camelote rarifiée**: 'scarce stuff'.

26. Most items of food and clothing were rationed. Cards were sometimes forged, but often stolen from the local administrative offices.

27. **chevalière**: a wide, flat ring.

28. **Maxim's**: another right-bank fashionable and expensive restaurant-bar.

29. The idea was to use other people's gold coins to effect profit-making sales, without having to buy them. In other words, Sachs was working as a middle-man.

30. Sachs's apartment, on the left-bank quai next to the Académie Française, was prestigious enough to attract wealthy clients.

31. **mythe**: Augier intends the word in its meaning of 'general idea'.

32. The allusion here is to the British air-raids and naval blockade.

33. Woodrow Wilson, the US president during the First World War, had in 1918 defined in the form of 'Fourteen Points' principles of a future peace. Augier argues, rather simplistically, that it was this statement of ideals, rather than military effectiveness, which brought the First World War to an end.

34. See above 'Vichy and Paris', p. 33. Laval returned to power in April 1942.

35. Maurice Schumann (1911–) was de Gaulle's major spokesman on Radio London. After the war, he became one of France's most durable and active political figures.

36. **maquignonnage**: 'horse-trading' – one of the stereotyped images used to describe Laval's form of diplomacy.

37. Gauleiter Fritz Sauckel was in charge of the foreign labour services for the Reich. He came to Paris in May 1942 to demand 250,000 French workers for German factories. Laval tried to work an exchange – one French POW for three qualified volunteer workers – but the system failed completely from lack of volunteers. In February 1943 a Forced Labour Service was introduced: the *Service de Travail Obligatoire* (STO). Nearly three quarters of a million young French people were obliged to work in German factories during the course of the war.

38. See above, n. 15.

39. It is true that de Gaulle was careful about polishing the rhetoric and style of his speeches.

40. General Kœnig (1898–1970) commanded a brigade of French French troops in the battle against the brilliant German general Rommel at Bir Hakeim (Libya) in May–June 1942. The French resistance allowed the British troops to regroup, and was a key contribution to the subsequent defeat of Rommel by Montgomery.

4 OCCUPATION II: ABJECTION AND HOPE

1. See *Les Juifs sous l'Occupation: recueil de textes officiels français et allemands*, published by the Centre de Documentation juive contemporaine, Paris, 1982.

2. Quoted in Jacques Darville et Simon Wichene, *Drancy la Juive ou la 2ᵉ inquisition*, Cachan (Seine), 1945, p. 48.

3. The other law of 2 June 1941 was a revised and harsher version of the October 1940 law which defined *racial* Jews as those who had three grandparents of Jewish religion; in the case of Jews married to other Jews, two grandparents were enough. The burden of proof of non-Jewishness fell on the accused. By the same law, Jews were forbidden access to any political office, and to most professions.

4. **interdit**: Presumably those refugees who had no legal status. Note how the obligatory declaration makes it easy to identify who the Jews are, where they live, and what they own.

5. **Français**: Note the inclusion of French nationals in the threatened fines, imprisonment, and internment.

6. Under the terms of the armistice, Vichy regularly legislated for the French Empire and

colonies. This particular law was in effect throughout by the end of 1941.

7. Note how vague the term 'administrative authority' is: as the traditional order is undermined by the 'new' pro-Nazi order, the Jews have less and less recourse to any defence of their human rights.

8. Drancy is a community just to the north of Paris, not far from the present site of the Charles de Gaulle airport. Civilian apartment buildings were commandeered in August 1941 to create what was to be the major camp for the assembling and deporting the Jews.

9. Vallat was head of the CGQJ from March 1941 till May 1942. A crusty First World War veteran, Vallat was too steeped in French nationalist traditions to be a comfortable ally for the Germans, who contrived to have him replaced by the more pro-German, and more ruthless Darquier de Pellepoix.

10. Among the variety of prisoners mentioned, note that there are none of the foreign refugees of whom Vallat wished to rid France. Instead, the women authors of the letter appeal to the Commissioner's well-known patriotic and Catholic sentiments.

11. Until July 1943, Drancy was under the control of French police, whose brutality left bitterly vivid memories in the minds of survivors. Despite the ultimate fate of so many of the inhabitants, there was general agreement that conditions in the camp itself improved immensely with the arrival of the German administration. See Darville et Wichene, *op. cit.*, *passim*.

12. **libérations**: The conditions in the camp had become such a scandal that in November a few of the sickest prisoners were released, for fear of an epidemic.

13. In view of the tens of thousands shipped to their deaths fom Drancy, the bewailing of these twenty-four deaths seems pitiful and naive.

14. There is an error in the original typescript: the correction is for clarity of meaning.

15. This message of Cardinal Gerlier (1880–1965), Archbishop of Lyon, primate of France, was delivered from church pulpits on Sunday, 6 September 1942. Unfortunately, its bold sentiments were not widely followed up by the French clergy, too often entangled in conservative and nationalistic values.

16. Aware that many of France's Catholics would be supporters of the Vichy regime, the cardinal makes a concession to the 'Jewish problem'; it is difficult to know how sincere it is.

17. An allusion to the German occupying forces.

18. Here Gerlier defends with courage the great Christian values of human dignity, family, haven for refugees, and brotherly love – in short, full human rights for the Jews, which was the absolute opposite of Vichy policy.

19. As for note 16, one cannot be sure to what degree the praise of Pétain is genuine, and to what degree ecclesiastical diplomacy.

20. 'Our Lady of Fourvière': reference to the hilltop basilica in Lyon dedicated to the Virgin, patroness of the city.

21. The 'B' category was for full-blood Jews: '*déportables*'.

22. Internal camp order was assured by Jewish internees (c.f. below *chefs d'escalier*), of whom the service order names some: LANGBERG, GEISSMANN, WELLERS. A strategy for getting the prisoners to do the authorities' dirty work.

23. Note the tight security. All internees not directly involved in the deportation are locked away.

24. **marquise**: the awning covering some of the stairwell entries off the courtyard.

25. **MS**: Membres du Service d'ordre.

26. Note the implied length of the journey. Fifty people, in one closed cattle-wagon, for two weeks, with one bucket (for personal needs) among ten.

27. Union Générale des Israélites de France: an umbrella organization created, under German supervision, in late 1941. Its finances, drawn from subscriptions from all Jews in France, were used to pay the costs of deporting the internees. C.f. note 22.

28. The C1 category was for 'safe' employees, usually non-Jewish, among the prisoners. Note that their reliability depends in part on their having family or friends in the camp: they are thus less likely to try to escape, because of possible retaliation.

29. See Pascal Ory, *Les Collaborateurs*, Paris, 1976, pp. 240–4, 265–6.

30. Michèle Cotta, in her study of *La Collaboration 1940–1944*, Paris, 1964, lists 11 dailies and 18 weeklies for Paris alone.

31. Darnand was to be executed after the Liberation.

32. TASS: The official Soviet news agency.

33. **Alger**: Reference to the Free French radio operating from the Algerian capital.

34. The 'groupes mobiles de réserve' (GMR) were part of the gendarmerie. They worked in collaboration with the Milice and the Germans.

35. Note the use of terms like 'bandits', 'terrorisme', and 'assassins' to describe the Resistance.

36. Free French radio in Algeria and London.

37. There were, in the Resistance, a few ruthless or undisciplined elements that terrorized the civilian population, who were sometimes unwilling to help the Resistance because of fear of German reprisals.

38. See above, Chapter 1.

39. The argument is that republican and democratic ideals lead to slavery and civil war. Henriot's evocation of France's long history of inner strife seems a curious way of persuading his listeners how united France is against the Resistance.

40. **palmarès**: prize list.

41. Note how Henriot associates the sabotaging of trains (actions against the state) with pillaging of foodstuff (action against individuals).

42. **Guignol**: A popular puppet figure, rebellious against authority.

43. Darnand had become Secrétaire d'Etat au Maintien de l'Ordre in December 1943.

44. Originally Darnand tried to maintain a distinction between the communist Francs-Tireurs Partisans (FTP) and the gaullist-inspired Armée Secrète. Here he is declaring war on *all* resistance fighters.

45. These courts, set up in January 1944, consisted of three 'judges' appointed by Darnand (and who were often masked during the trials). They dispensed rapid 'justice', giving a veneer of legality to the execution of resistance fighters. See Pascal Ory, *op. cit.*, p. 255.

46. André Marty (1866–1956): an important leader of the French Communist Party.

47. *Journal des années noires*, Paris, 1947, pp. 151, 157–8, 166, etc.

48. See Claude Bellanger, *Presse clandestine*, Paris, 1961, p. 5.

49. **camelots**: street pedlars.

50. **un brin de conduite**: 'a bit of the way'.

51. Sad irony here: food and clothing were soon in fact to become very scarce.

52. **Man spricht deutsch**: 'German spoken'.

53. **fille**: alludes here to prostitutes; c.f. the *femmes honnêtes* of the next section.

54. **marivaudage**: 'flirting'.

55. After the liberation, women found guilty of friendly relations with the Germans sometimes had their heads shaved, and were paraded naked, in a show of public shame.

56. Play on words: 'He *sings* when he *feels like* it.'

57. **T. S. F.**: télégraphie sans fil – wireless, radio.

58. Joseph Goebbels (1897–1945): Hitler's chief of propaganda.

59. **Boches**: 'Huns'.

60. **doryphore**: colorado beetle.

61. Note the whimsy in considering the occupying army as prisoners.

62. Play on bird imagery: the *eagle* marches with a *goose*-step and is singing its *swan*-song.

63. Paul Ferdonnet was a notorious pro-Nazi who had been a journalist in Germany in the 1930s before directing a pro-German news agency in Paris.

64. Biblical cities of sin and decadence.

65. **libraries spéciales, photos d'art**: The allusion is to pornography.

66. **Capoue**: The Italian town of Capua was famed for demoralizing the army of Hannibal when it wintered there during the Second Punic War (215 BC).

67. **les clous**: Reference to pedestrian crossings, which are marked with metal studs.

68. Jean-Paul Sartre reacted rather like the old

War and Identity

lady. In his essay, 'Paris sous l'Occupation' (in *Situations III*, Paris, 1947), he notes, about the German soldiers: 'Au début leur vue nous faisait mal et puis, peu à peu, on avait désappris de les voir. . .' (p. 20)

69. The curfew was strict. Texcier is suggesting that people would be better off staying at home to listen to Radio London.

70. Allusion to pre-war gas drills: poisoned gas had been used widely in the First World War.

71. The method of circulation worked. One copy even found its way to London, and was read on the radio.

72. *Communism and the French Intellectuals*, London, 1964, p. 161.

73. The FTP–MOI: 'Francs Tireurs Partisans – Main d'Oeuvre Immigrée'.

74. Among the names on the poster were those of four Polish Jews (GRZYWACZ, WASYBROT, WITCHITZ, FINGERZWEIG), and of a Hungarian (BOCZOV).

75. Guéhenno, *Journal des anneés noires*, coll. Folio, pp. 389–90, 391.

76. Elsa Triolet (1896–1970) was the long-time companion and muse of the poet Louis Aragon (1897–1986), author of some of the most significant resistance poetry.

77. An earlier part of the story describes the hiding of the parachuted machine-guns in a cave on the farm.

78. The self-righteous expression '*n'avoir rien à se reprocher*' ('to have done nothing wrong') refers here to dealings with the Germans.

79. The doctor is the local resistance leader.

80. An earlier description shows them mutilated and dead.

81. The Resistance is blamed for the German reprisal attack.

82. Reference to the first victory of the army of the infant French Republic in 1792.

5 LIBERATION, PURGE, AND THE QUEST FOR A NEW FRANCE

1. See Jean-Pierre Rioux, *La France de la Quatrième Rèpublique*, Paris, 1980, vol. 1, pp. 21–5.

2. Jean-Pierre Rioux, 'L'Epuration en France', in *La France de 1939 à nos jours*, Paris, 1985, pp. 162–79.

3. See Jacques Delarue, *Trafics et crimes sous l'Occupation*, Paris, 1968, pp. 353–439.

4. Delarue, *op. cit.*, gives ample corroboration of this account. The village men and boys were rounded up into barns, sheds and garages.

5. **La Glane**: the stream on which Oradour stands.

6. Large numbers of natives of Alsace were resettled in other parts of France during the 'Drôle de guerre'. Alsace had been annexed by Germany in 1871, and reclaimed by France in 1918.

7. C.f. note 6. Alsatians often speak German, as well as French.

8. This was a bomb, set on the altar of the church.

9. According to Delarue's account, five others survived the original machine-gunning, but were not strong enough to escape, and died in the flames.

10. Flora was studying drawing.

11. **Flafla**: nickname for Flora.

12. **espéranto**: universal language.

13. The family home, in the rue Vaneau (Paris 7e).

14. **Elle**: that is, her **proie** ('catch').

15. **Hurons**: American Indians. Flora is alluding to a Voltaire story *L'Ingénu ou le huron*, hence the use of the adjective 'candide' – the name of another of Voltaire's stories.

16. The **époque bleue** is a reference to Picasso's 'blue' period (1901–4); **Dada** was an avant-garde literary movement at the end of the First World War.

17. **Muichkine**: the naive hero of Dostoevsky's novel *The Idiot*. Flora's point is that the French, who claim to be the guardians of the arts, underestimate the Americans' knowledge and appreciation.

18. Allusion to a French nursery rhyme:

Ainsi font font font les petites marionettes
Ainsi font font font
Trois petits tours et puis s'en vont.

Vid. outbreak of war 1418

19. Benoîte's husband had died four months earlier.

20. **Cocotte**: 'kept woman'.

21. Note the continuing restrictions. It would be many months before life returned to normal.

22. Reference to the crossed bones of the SS uniform.

23. **désir rentré**: frustrated desire.

24. **tiré sur le volet**: 'handpicked'; **lancé en pâture à**: 'tossed out as fodder for'.

25. **froufroutent**: 'swish about'.

26. **loupés**: slang – 'messed up'.

27. **pioupiou**: slang – 'young soldier'.

28. **croquenots**: slang – 'boots'.

29. An optimistic assessment, but which de Gaulle believed necessary for restoring morale.

30. Note the deliberate juxtaposition of the professional soldiers and the FFI.

31. **avec nous**: the Allies are presented as being with France, rather than France being with the Allies.

32. The theme of national unity will dominate de Gaulle's thinking about this period.

33. This participation is the guarantee of France's independence.

34. De Gaulle sees French history going back to pre-Roman times. Traditional French education taught children about 'nos ancêtres, les Gaulois'.

35. De Gaulle was committed to a republican form of government, but also to a strong unified state.

36. Allusion to the offensive begun on 16 December 1944 in Belgium by von Rundstedt.

37. De Gaulle's determination for France to be included in the Allies' arrangements for post-war Europe received a set-back when France was not invited to the Stalin/Churchill/Roosevelt meeting in Yalta in February 1945.

38. Mainland France.

39. The reintroduction of compulsory military service was an important factor in the rebuilding of the army.

40. Reference to the equipment grants given by the USA.

41. A decree of 5 October 1944, gave women the right to vote.

42. In fact, only municipal elections would be held in the spring. Regional and national elections were held only in the autumn of 1945. But de Gaulle's desire for a quick and orderly return to democratic tradition is clear.

43. De Gaulle is claiming no secret solution.

44. Cf. below, p. 79, the speech of the communist Thorez.

45. The Second World War is assimilated with the First.

46. This allusion to the collaborationists is (deliberately?) underestimating the scope of the phenomenon.

47. Reference to the 'Épuration'. Special courts had been organized in September in an attempt to reduce vigilante justice and summary executions.

48. De Gaulle's concessions to those millions who so ardently followed Pétain.

49. See Maurice Baudot, 'La Répression de la collaboration et l'épuration politique et économique', in *Libération de la France*, Paris, Ed. du CNRS, 1976, p. 781.

50. See Rioux, 'L'Épuration en France', *op. cit.*

51. Rioux, *La France de la Quatrième République, op. cit.*, p. 61.

52. See André Halimi, *La Délation sous l'Occupation*, Paris, 1983, *passim*.

53. See Pascal Jardin, *Le Nain jaune*, Paris, 1978.

54. J. Solchnik, *Les Juifs et l'histoire*, PACEJ pamphlet, c. 1984, document held by the Centre de Documentation juive contemporaine, Paris.

55. See André Halimi, *Chantons sous l'Occupation*, Paris, 1976.

56. The dropping of the case.

57. There was no case against him.

58. Charged with complicity with the enemy.

59. **délation**: denunciation.

60. **réquisitoire**: instruction.

61. **chef d'accusation**: charge, cause of indictment.

62. Tristan Bernard (1866–1947): playwright and novelist, Jewish. Guitry succeeded in getting the Germans to release him in 1943.

63. American gangster (1895–1947).

64. French mass murderer (1869–1922).

65. See Fred Kupferman, *Le Procès de Vichy*, Paris, 1980, pp. 150–4.

66. *Ibid.*, p. 87.

67. A slight exaggeration: he was 89.

68. Pétain was known and acclaimed as the hero of the battle of Verdun (1916), and became commander-in-chief of the French Army in 1917.

69. Those affected by the racial legislation or the Service de Travail Obligatoire might have found this claim difficult to believe.

70. Note the attempt to compare himself with de Gaulle.

71. The reference may be specifically to the Communist Party, which in the weeks before and during the trial, was demanding Pétain's death.

72. This would prove prophetically true.

73. He offers himself as a scapegoat.

74. Refusal to ask pardon from de Gaulle, a mere general.

75. The main new party was the Catholic Mouvement Républicain Populaire (MRP). The other major parties were the socialists and the communists.

76. See for example Pierre Hervé's *La Libération trahie*, Paris, 1945.

77. Until recently, French elections were held over a two-week period, with the first round used to select the final candidates.

78. J.-P. Rioux, *La France de la Quatrième République, op. cit.*, p. 90.

79. Note the stance: the Munich agreements are linked with the supporters of Vichy.

80. **bandit**: marxist rhetoric, c.f. below: 'fascisme barbare', 'les *hordes* de Hitler', etc.

81. Note the linking of German fascism and Vichy policies.

82. In omitting specific mention of Britain here, and the US, Thorez had solid support in public opinion. Rioux (*Histoire de la Quatrième République*, p. 86) points out that a November 1944 poll gave 61 per cent of French believing the USSR to have played the most significant role in the German defeat.

83. One wonders whose treason. The French Communist Party, at the time of the invasion, subscribed to the German-Russian pact. Thorez himself deserted from the French Army.

84. Note the ascribing of direct responsibility to Pétain. This speech delivered just after Pétain's return to France, plays a part in the communists' campaign for his condemnation. See below: 'châtiment des traîtres, en commençant par Pétain'.

85. TB was in epidemic proportions in post-war France.

86. This would take place the following autumn.

87. Covert attack on the Catholic Mouvement Républicain Populaire (MRP). It was a successful ploy: the MRP lost ground in the second round of elections.

88. These patriotic sentiments were also regularly voiced by de Gaulle at the end of his speeches.

89. Rioux, *Histoire de la Quatrième République*, p. 66.

6 LOOKING BACK

1. Pierre Poujade (born 1920) was a small-town bookseller who reached national prominence by organizing a tax-revolt, backed with antirepublican and antisemitic rhetoric. One of his followers was Jean-Marie Le Pen, leader of the extreme Right in the 1986 French elections.

2. For an insightful description of this phenomenon, see Pascal Ory's *L'Entre-deux-mai*, Paris, 1983.

3. Paxton's *La France de Vichy*, (Paris, 1973 – translated from his *Vichy France*, New York, 1972) was a milestone, as was Hoffmann's *Essais sur la France, déclin ou renouveau?* (Paris, 1974 – translated from *Decline or Renewal: France since the 1930s*, New York, 1974).

4. See, for example, Bernard Fall, *Dien Bien Phu: un coin d'enfer*, Paris, 1968, pp. 456–7.

5. Navarre sees the USSR and the USA pursuing covert imperialist policies, in the name of 'independence movements'.

6. Egypt's aid to the Algerian Front de Libération National (FLN) was an added motive for the French to join the British in the attack on Cairo in 1956, after Nasser's nationalization of the Suez canal.

7. This optimistic paternalism would prove a

grave misjudgement.

8. Field kitchen.

9. Pejorative term for Arab.

10. Meaning: 'The army gives me a pain in the behind.'

11. **Sedan**: place of the capitulation of Napoleon III in the Franco-Prussian war of 1870.

12. Archaic syntax: Had things not been set right, the terrible events of 1940 would have swept everything away.

13. De Gaulle's continual preoccupation: the divisive influence of too many political parties.

14. He does not say how he plans to resolve the Algerian situation.

15. He is aware that the oil-rich Sahara will not remain in its colonial situation and that continued French access may be complicated.

16. That is, to the Fourth Republic Constitution.

17. The apartment looks out over the Seine and the Ile de la Cité. **Le Vert-Galant**: popular name for the statue of Henri IV.

18. **bouquiniste**: one of the booksellers who have permanent stalls along the river bank.

19. The old Paris buses had open platforms at the rear.

20. The father's business is never clarified.

21. **vélo-taxi**: During the Occupation, with no motorized vehicles, bicycles were rigged up for transporting passengers.

22. **secrétaire**: small desk.

23. Note how the mixture of nationalities works to undermine stereotyped images of the Occupation as being 'French' versus 'Germans'.

24. Koromindé is a Russian friend of the father's.

25. A rare privilege: one wonders why.

26. **un morceau du territoire helvétique**: 'a piece of Swiss territory' – i.e. neutral ground, and safe.

27. Georges Mandel (1885–1944). Long-serving, moderate politician who had gone to North Africa at the time of the defeat, in the hope of continuing the struggle. Interned by Vichy, and handed over to the Milice, who assassinated him.

28. It was not possible to go out after curfew.

Further reading

The following are indicated as a guideline. There are other references included in the notes.

Amouroux, H., *La Grande Histoire des Français sous l'Occupation*, 7 vols to date, Paris, 1976–1985.

Aron, R., *Histoire de l'Épuration*, Paris, 1969.

Azéma, J-P., *De Munich à la Libération*, Paris, 1979.

Bellanger, C., *Presse clandestine: 1940–1944*, Paris 1961.

Cotta, M., *La Collaboration*, Paris, 1964.

Delarue, J., *Trafics et crimes sous l'Occupation*, Paris, 1968.

———— *La Libération de la France* (Actes du colloque international de 1974), Paris, Ed. du CNRS, 1976 (various authors)

Hoffman, S., *Decline or Renewal? France since the 1930s*, New York, 1974.

Kedward, H.R., *Resistance in Vichy France*, Oxford, 1978.

Klarsfeld, S., *Vichy-Auschwitz*, Paris, 1983.

———— *Etudes sur la France de 1939 à nos jours*, Paris, 1985 (various authors)

Michel, H., *Les Courants de pensée de la Résistance*, Paris, 1962.

Novick, P., *The Resistance versus Vichy*, New York, 1968.

Ory, P., *Les Collaborateurs*, Paris, 1976.

———— *L'Entre-deux-mai*, Paris, 1983.

Paxton, R.O., *Vichy France*, New York, 1972.

Paxton, R.O. and Marrus, M., *Vichy et les Juifs*, Paris, 1981.

Rioux, J-P., *La France de la Quatrième République*, 2 vols, Paris, 1983.

Index

Abetz, Otto, 7
'Action Française', 3, 23, 97n.1
'Aiglon', l', (return of ashes to France), 35, 36, 74, 94, 100nn.18, 19
Algerian war, 82, *84–7*, 88, 96
'Anschluss', 9, 93
Aragon, Louis, *59*, 104n.76
'Armée secrète', 53, 95, 103n.44
Armistice, 14, *22–4*, 26, 27, 28, 29, 31, *33–4*, 62, 77, 80, 93
Augier, Marc, *37–8*, 101nn.31, 33; quotations on the 'promised land' from *J'ai vu l'Allemagne, 38*

Barrès, Maurice, 24
Benatsky, 99n.19
Benes, Edvard, 9, 98n.33
Bernard, Tristan, 76, 105n.62
Bernard et Redon: quotations on Second World War from *Nouvelle Histoire de France, 80–1*
Bir Hakeim (Free French success at), 40, 101n.40
Black market, 1, *34–5*, 37, 91, 97n.10, 100n.7
'Blitzkrieg', 10, 14, *16–17*, 19, 80
Blum, Léon, 3, 4, 7, 8, 82, 97n.4; extract on 'Front populaire' from *Le Populaire*, 5; extract on Munich from *idem, 9–10*
Boisson, Gouverneur, 39
Bonny, Pierre, 5, 97n.10
Bousquet, René, 74
Brandl, Hermann, 35
Brasillach, Robert, 66, 92, 98n.21

Cachin, Marcel, 5, 97n.8
Camus, Albert, 84
Capone, Al, 76, 105n.63
Caute, David, 57
Céline, Louis-Ferdinand, *8*, 20, 21, 98nn.25, 30; antisemitic and pro-German quotations from *Bagatelles pour un massacre, 8*
Chagrin et la pitié, le, 83
Chamberlain, Neville, 9
Charles-Quint, 22
Châteaubriand, Alphonse de, 98n.21
Choltitz, Dietrich von, 66

Churchill, Winston, 17, 18, 38, 64, 93, 99n.6, 100n.14; speech on Dunkirk to House of Commons, *19–20*
collaboration (collaborators, etc.), 1, 7, 8, 29, *33–4*, 35, 36, 37–8, 39, 41, *50–3*, 61, 73, 74, 81, 91, 92, 98n.30, 100n.15, 103nn.31, 34, 35, 105n.46
'Comité Français de Libération Nationale' (CFLN), 53, 64, 95
'Comité France-Allemagne', 7
'Comité National Français' (CNF), 94
'Commissariat Général aux Questions Juives' (CGQJ), 45, 46, 94, 102n.9
Commune de Paris, 3, 4, 5, 97n.11
'Conseil National de la Résistance' (CNR), 53, 95

Dakar, Anglo-Gaullist expedition to, 34, 39, 50, 94, 100n.15
Daladier, Edouard, 9, 27, 93, 99n.14
Darlan, Admiral François, 27, 99n.15
Darnand, Joseph, *50–3*, 95, 103nn.31, 43–5
Darquier de Pellepoix, 74, 92, 102n.9
Debussy, Claude, 99n.9
Delestraint, General Charles, 53, 95
Doriot, Jacques, *33*, 94; extract on collaboration from *Je suis un homme du Maréchal, 33–4*
Dostoevsky, Fyodor, 104n.17
Doumergue, Paul, 23
'Drôle de guerre', la, *10–13*, 14, 93, 104n.6
Duclos, Jacques, 59, 60
Dunkirk, evacuation at, *17–20*, 93

'Épuration', l', 64, 66, 73, *74–8*, 80, 91, 95, 96, 105n.47
European Economic Community (EEC), 83, 96
'exode', l', *20–2*, 26, 31, 93, 99n.3 (Ch. 3)

February 1934 riots, 3, 51
Ferdonnet, Paul, 56, 103n.63
Figaro, Le: extracts from coverage of Dunkirk evacuation, *17–21*
'Forces Françaises de l'Intérieur' (FFI), 60, 62, 64, 67, 71, 72, 74, 95, 105n.30
Franco, General Francisco, 6, 63
'Francs-Tireurs Partisans' (FTP), 57, 74, 103n.44, 104n.73

War and Identity

Free French (later 'Fighting French' or 'France combattante'), 1, 26, 38, 39, 53, 91, 93, 94, 103nn.33, 36
'Front de Libération Nationale' (FLN), 84
'Front Populaire', *3–5*, 7, 8, 14, 38, 93

Gamelin, General, 17
Gaulle, General Charles de, 1, 6, 23, 24, *33–4*, 38–40, 41, 53, 64, 71, 77, 78, 80, 81, *82–3*, *84–5*, *86–7*, 91, 93, 94, 95, 96, 101nn.35, 39, 105nn.29, 32, 34, 35, 37, 42, 43, 48, 106nn.74, 88, 107nn.13, 14, 15; *Appel du 18 juin*, 24–6; radio broadcasts on the Liberation, *71–3*; speech on his return to power (1958), *87–9*
Gensoul, Admiral, 100n.14
Gerlier, Cardinal, 102nn.15, 16, 18, 19; text on persecution of Jews, *47–8*
Gestapo, 21, 32, 35, 41, 74, 84, 89, 97n.10, 99n.1 (Ch. 3)
Giraud, General Henri, 53, 94
Giraudoux, Jean, 7, *10–11*, 41, 44, 98n.19; texts of 'propaganda' speeches during the 'drôle de guerre', *11–13*
Goebbels, Joseph, 56, 62, 103n.58
Goethe, 56
Gringoire, 4; text of attack on Blum and the 'Front populaire', *5*
Groult, Benoîte and Flora, *26*, 68, 99n.14, 104nn.10, 11, 15, 17, 105n.19; extracts from their *Journal à quatre moins* on French defeat, *26–8*; extracts from *idem* on the Liberation, *68–70*
Guéhenno, Jean, *32*, 34, 55, 100n.8, 103n.47, 104n.75; extracts from his *Journal des années noires* on occupied Paris, *32–3*; quotations from *idem* on the *maquis*, 60
Guitry, Sacha, *74*, 105n.62; extracts on the 'Épuration' from his *Quatre ans d'occupations*, *74–6*

Hébras, Robert, 67; statement on Oradour massacre, *67–8*
Henriot, Philippe, 51, 103nn.39, 41; text of collaborationist radio broadcast, *51–3*
Hérold-Paquis, Jean, 51
Hitler, Adolf, 3, 6, 7, 8, 9, 11, 12, 29, 34, 35, 38, 55, 62, 66, 79, 80, 86, 91, 93, 94, 97n.14, 98nn.31, 38, 42, 99nn.5, 1·5
Ho Chi Minh, 95
Hodza, Milan, 9, 98n.33
Hoffmann, Stanley, 83, 106n.3

Indochina, French defeat in, 82, *83–4*, 95, 96

Jardin, Jean, 74
Jarry, Alfred, 99n.17
Jewish questions, 1, 3, 4, 6, 7, 8, 21, 27, 35, 37, *41*, 51, 59, 74, 89, 90, 91, 94, 98n.29, 100nn.10, 17, *101nn.1–6*, *102nn.10–28*, 105n.62, 106nn.69, 1; antisemitic cartoons, 42–4; texts of race laws, 45–6; letter to Vallat, 46–7; text on convoy organization, 48–50
Juin, General Alphonse, 53

Kœnig, General, 39, 101n.40
Lamandé, Pierre, 57; letters on eve of execution, *58–9*
Landon, Blaise, 68
Landru, 76, 105n.64
Lattre de Tassigny, General de, 16–17, 53, 64
Laubreaux, Alain, 74
Laval, Pierre, 33, 39, 64, 66, 74, 76, 77, 92, 94, 95, 100n.12, 101n.37; text of antisemitic law, *46*
Leclerc, General Philippe, 53, 64, 69, 95
Le Pen, Jean-Marie, 106n.1
Lévy, Louis, *14*, 20; extracts from *Vérités sur la France* on the Battle of France, *14–17*
Liberation, 1, 53, 59, 60, 62, *64–73*, 78, 79, 80, 82, 83, 87, 91, 95, 97n.10, 98n.30, 103nn.31, 55
Liebling, A.J., 10
'Ligue (and 'Légion') des volontaires français contre le bolchévisme' (LVF), 33, 50, 94

Maeterlinck, Maurice, 99n.9
Maginot line, *8–9*, 11, 14
Malraux, André, *6*, 29, 99nn.1, 5 (Ch. 3), 100n.8; extract from *L'Espoir* on Spanish Civil War, *6–7*; extract on prisoners of war from *Les Noyers de l'Altenburg*, *30–1*
Mandel, Georges, 90, 107n.27
Manouchian, Michel, 59; letter on the eve of execution, *59–60*
maps, 1. The German offensive, *15*; 2. Occupied France, *30*; 3. Stages of the Liberation, *65*
'maquis' ('maquisards', etc.), *60*, 68, 81, 95
Martin du Gard, Maurice, *38–9*; text on de Gaulle from *Chronique de Vichy*, *39–40*
Marty, André, 53, 103n.46
Maurras, Charles, 4, 97nn.*1*, 4
Mendès-France, Pierre, 82, 86
Mers-el-Kébir, sinking of French fleet at, 34, 94, 100n.14
'Milice' ('miliciens', etc.), 50, 57, 90, 95, 103n.34, 107n.27
Mitterrand, François, 86
Modiano, Patrick, *89*; extract from *Livret de Famille* on wartime memories, *89–90*, 92
Montgomery, General Bernard, Viscount, 101n.40
Mornet, André, 77
Moulin, Jean, 53, 94
'Mouvement Républicain Populaire' (MRP), 79, 82, 106nn.*75*, 87
Munich, conference and agreements, 9, 10, 79, 93, 98n.33, 106n.79
Mussolini, Benito, 93, 97n.1

Napoléon III, 4
Navarre, General Henri, 83; extract from *L'Agonie de l'Indochine* on decolonization problems, *83–4*

Occupation (conditions, etc.), *1*, 2, 13, 21, *29*, *31–3*, *41*, *55*, 66, 70, 77, 78, 79, 85, 90, 91, 92, 97n.10, 98n.45, *99n.12*, 107nn.21, 23
Oradour, massacre at, 66, *67–8*, 86
'Organisation Armée Secrète' (OAS), 84

'Parti Communiste Français' (PCF), *57–60*, 78, 80, 82, 91, 93, 95, 106nn.71, 83
'Parti Populaire Français' (PPF), 33, 94
Paxton, Robert, 83, 106n.3
Péguy, Charles, 24
Pétain, Maréchal Philippe, 1, 14, 20, 21, *22–3*, 51, 64, 66, 74, *76–7*, 79, 80, 81, 91, 92, 94, 95, 96, 98n.30, 99nn.6, 11, 100n.12, 102n.19, 105n.48, 106nn.68, 71, 84; *Appel aux Français*, *23–4*, 28, 29, 33–4, 35, 38, 39; text of antisemitic law, 45; his trial statement, *77–8*
Picasso, Pablo, 104n.16
Poitevin, Pierre, 67; extract from *Dans l'Enfer d'Oradour*, *67–8*
Pompidou, Georges, 74
Poujade, Pierre, 82, 106n.1
prisoners of war, 1, *29–31*, 46, 62, 66, 72, 74, 79, 81, 101n.37

'Rassemblement National Populaire' (RNP), 94
'Rassemblement du Peuple Français' (RPF), 82
Reichstadt, Duc de, see *L'Aiglon*
Republic: Third, 1, 3, 4, 5, 14, 87; Fourth, 82, 86, 87, 91, 107n.16; Fifth, 82, *87–9*, 91, 96
resistance, 1, *24–6*, 27, 29, 32, 39, 41, 50, 51, *53–63*, 64, 71, 74, 77, 78, 79, 80, 86, 87, 89, 91, 93, 103nn.35, 37, 39, 104nn.73–81
Reynaud, Paul, 14, 20, 24, 27, 99n.14
Rilke, Erich Maria, 69
Rioux, Jean-Pierre, 80
Romains, Jules, 7, 98n.20
Rommel, General Erwin, 101n.40
Roosevelt, Franklin, 64, 105n.37
Rundstedt, General Karl von, 105n.36

Sachs, Maurice, *20–1*, 35, 99n.10, 100nn.17, 19, 101nn.29, 30; extracts from 'l'Exode' from *La Chasse à courre*, *21–2*; extract on 'le Marché noir' from *idem*, *35, 37*

Saint-Simon, 22
Sarraut, Albert, 21, 99n.8
Sartre, Jean-Paul, 10, *103n.68*
Sauckel, Fritz, 39, 101n.37
Schumann, Maurice, 39, 101n.35
'Service de Travail Obligatoire' (STO), *41*, 57, 62, 68, 94, 95, *101n.37*, 106n.69
Simon, Pierre-Henri, 85; extracts on French atrocities in Algeria from *Contre la torture*, *85–6*
Somerville, Admiral, 100n.14
Spanish Civil War, *5–7*, 93, 97nn.13–15, 98nn.16, 17
Stael, Madame de, 7
Stalin, Joseph, 10, 53, 96, 105n.37
Stavisky, Serge Alexandre, *3*, 93

Texcier, Jean, *55*; clandestine tract, *Conseils à l'occupé*, *55–7*, 104n.69
Thiers, Louis Adolphe, 4, 97n.5
Thorez, Maurice, 5, *78–9*, 95, 97n.9, 105n.44, 106n.82; his call to national union, *79–80*
Triolet, Elsa, 60, 104n.76; extract on Resistance and reprisals from *Le Premier Accroc coûte deux cents francs*, *61–3*

'Union Générale des Israélites de France' (UGIF), 50, 102n.27

Vallat, Xavier, 46, 94, 102nn.9, 10
Vercors, 60
Vichy (government), 1, 16, 29, *33*, 38, 41, 50, 51, 53, 66, 74, 76–7, 79, 80, 91, 94, 95, 100nn.11, 14, 15, 102n.16, 106nn.79, 81, 107n.27
Voltaire, 22, 104n.15

Werth, Alexander, 3
Weygand, General, 17, 20, 23, 93
Wilson, Woodrow, 38, 101n.33